定年後も
ワクワク
生きたい！

ポーラ幸せ研究所発

人生後半
幸せ資産の増やし方

ポーラ幸せ研究所研究員
佐野真功

日経BP

はじめに

　本のタイトルから「幸せ資産」って何？「数字の鬼の営業部長が再雇用後に見つけた」とはどういうこと？　と、思われた方もいらっしゃるのではないでしょうか。

　私は、ポーラで人事戦略部に所属する63歳の再雇用社員です。そしてポーラ幸せ研究所の研究員として、「シニアの幸せ」に取り組んでいます。1年前、幸せ研究所所長（かつポーラ社長）の及川美紀に「シニアの幸せ」を増やすプログラムについての中間報告をしたところ、「この内容を本にしてみてはどうですか？」と言われました。

「私が本を書くのですか？　本当にこの内容で良いのですか？」と何度も聞き返してしまいました。私は専門の研究者ではありませんし、プログラムはミドルシニアを元気にしたい、応援したいという想いで学びを重ねた手作りのものだったからです。

　しかし及川からは、「専門家ではなく、長年ポーラの営業畑でやってきた佐野さんが定年退職し、再雇用社員になってその経験を活かした内容だから良いのです」と言われました。

　私が新卒でポーラに入社したのは1984年。20代は経理・新規事業（会員制フィットネスクラブ）開発で貴重な経験をさせていただきました。その後ポーラの化粧品営業部門の現場で30年以上、売上・顧客・人材育成・店舗・組織づくりに関わってきました。その中で「人の成長」について多くの学びがありました。

「数字の鬼の営業部長」とは、当時の私を及川が評した言葉ですが、良く言えば「粘り強い」、実態は「あきらめが悪いから最後までこだわる」ということだと自己理解しています。

　そのような私がなぜ「幸せ資産の増やし方」という本を書くことになったかのきっかけを少しだけお伝えします。

私が60歳を過ぎて「幸せ」とか「生きがい」に強く関心を持つようになったのは、長年、ポーラの店舗(ポーラショップ)でバリバリと働く元気なベテラン店長やスタッフと接してきたからかもしれません。営業現場では「60代は働き盛り。人生これから」という感じです。みな自分の裁量で稼ぐ個人事業主です。

　一方、周囲の会社員を見渡すと、50歳を過ぎた頃には仕事と人生に疲れが見え始め、定年退職を過ぎたら一気に元気がなくなるという方も珍しくありません。

　同じ60歳なのに、「人生これから」と元気に「登山」を続ける個人事業主と「人生の頂上は過ぎた」と「下山」に入ってしまう会社員。この違いに以前から「なぜ?」と疑問を感じていました。

　実は私自身も定年直前、下山寸前の状態だったからです。しかし、ポーラ幸せ研究所での活動を通して幸せや生きがいの本質を知ると、「下山にはまだ早いな。頂上はまだ先だ」とこれからの人生に以前よりもワクワクするようになりました。

　どうしてそう思えるようになったかを、同じように下山思考になりがちな50代、60代と、人生の後半に不安を感じ始めた40代の方々に伝えたいと思い、この本を書くことにしました。人生100年時代と言われますが、私は何歳からでも幸せ登山は可能だと思っています。

　本の中にはたくさんのワークが出てきます。ぜひ、ご自身で実際に手を動かしてワークシートを作成してみてください。面倒だと思うかもしれませんが、ご自身の思いを言葉にすると、ノウハウを読むだけよりその効果は何倍も大きいと思っています。

　ここからぜひ一緒に「幸せ資産づくり」を始めてみましょう。

2024年11月　佐野 真功

目次

ポーラ幸せ研究所発　定年後もワクワク生きたい！
人生後半 幸せ資産の増やし方

はじめに ……………………………………………………………… 2

CHAPTER 1

定年後の「不安」を「ワクワク」に変えよう …… 11

私も「残念なシニア」だった ……………………………………12
親子ほど年の離れた社員と「定年後」を考える ………13
人生100年を考える社内コミュニティ発足! ……………15
50代会社員が直面する2つの壁 ………………………17
「90代以上現役」がワクワク働くポーラショップ ………20
「75歳まで現役」が当たり前に ……………………………23
ジョブ型雇用時代に必要な人生戦略 …………………24
お金では手に入らない「長続きする幸せ」 ……………25

＼この本で紹介する／
ポーラ幸せ研究所「人生ワクワクプログラム」で
幸せ資産が増える仕組み ………………………………… 28

CHAPTER 2

「幸せ資産」を増やす「人生ワクワクプログラム」… 29

「人生ワクワクプログラム」を始めよう ……………………30
プログラムのゴールは幸せを増やすこと ………………31

人生後半を3つに分ける …………………………………………33

101歳でワクワク働く秘訣 ……………………………………35

「働きがい」を感じる3つの要因 ……………………………36

あなたの「WILL」を見つけよう ……………………………39

あなたは今、何にモヤモヤしている？ ……………………41

「幸せ資産」が増える仕組みをつくる ………………………43

FP視点で考えた「幸せのバランスシート」 ………………45

5年後のワクワクのためにすべきこと ……………………49

人生後半の計画は周りとのよい関係を考えながら………50

CHAPTER 3

「人生ワクワクプログラム」実践編❶

「仕事力」「生きる力」「つながり力」の現状を知る …………… **53**

生きがいの発見① 私の「仕事力」を知る ………………55

STEP1 キャリアの棚卸しで自分の得意を見出す …………55

自分の「得意」を3つに絞る ………………………………58

STEP2 人生経験の棚卸しで「興味・好き」を見出す ……61

自分の「興味・好き」を3つに絞る ………………………67

STEP3 社会のニーズを確認する ……………………………68

「取り組みたい社会課題」を3つに絞る ……………………70

STEP4 人生後半の仕事力の「WILL」を発見する …………72

STEP5 今の私の「仕事力」を測定する ……………………74

生きがいの発見② 私の「生きる力」を知る ………………76

STEP1 「生きる力」の価値観と「WILL」を発見する ……76

STEP2 今の私の「生きる力」を測定する ………………79

生きがいの発見③ 私の「つながり力」を知る …………82

STEP1 「つながり力」の価値観と「WILL」を発見する …82

STEP2 今の私の「つながり力」を測定する ……………84

「老後孤独」が不安なら ……………………………………87

つながりが現状を変えてくれる ……………………………88

＼長く続く幸福を増やす／
幸せの4つの因子とは ……………………………………90

CHAPTER 4

「**人生ワクワクプログラム**」実践編❷

老後の「お金の安心」を発見する ……………………… **91**

人生100年時代にマネーリテラシーは必須 ………………93

感動と学びにお金を使おう ………………………………95

お金の安心の発見① 3つの方法で定年後の収入を増やす …97

収入を増やす方法1 長く働き続ける ……………………………99

収入を増やす方法2 働きながら年金を受け取る ………… 101

収入を増やす方法3 年金の受け取り開始を遅らせる …… 102

お金の安心の発見② 低リスク運用で資産を増やす … 103

ミドルシニアも新NISAやiDeCoを ……………… 104

お金の安心の発見③ 支出を無理なく減らす ………… 107

手取り収入が激減する定年1年目 ………………………… 107

家計というパンドラの箱を見える化する ……………… 108

STEP1 年間の手取り収入を知る ……………………… 108

STEP2 年間の支出を知る …………………………… 111

STEP3 年間の収支を知る …………………………… 111

お金の安心の発見④ 我が家の「純資産額」を出す …… 112

お金の安心の発見⑤ 100歳までの収支を試算する … 114

「安心老後」と「老後破綻」 ……………………………… 115

CASE1 60歳で2500万円あっても72歳で老後破綻 …… 118

CASE2 家計改善で老後破綻の回避に成功 ……………… 119

CASE3 70歳まで働く。節約は車の売却のみで黒字化… 120

CASE4 働き続ける＋運用する効果でやりたいことに投資… 120

ワクワク人生のためのお金の「WILL」を発見する …… 122

今の私の「お金の安心力」を測定する ………………… 123

CHAPTER **5**

「人生ワクワクプログラム」実践編❸

未来のために 「やりたいこと」を 見える化する ……………………127

未来の見える化① 5年後の「仕事力」を上げる ……… 129

STEP1 5年後の主観的満足度を記入する ……………… 129

STEP2 5年後の目標と1年後の行動目標を記入する … 132
　　　　〜「ワクワクアクションプランシート」作成〜

未来の見える化② 5年後の「生きる力」を高める ⋯⋯ 136
STEP1 5年後の主観的満足度を記入する ⋯⋯⋯⋯⋯⋯ 136
STEP2 5年後の目標と1年後の行動目標を記入する ⋯ 137
　　　～「ワクワクアクションプランシート」作成～

未来の見える化③ 5年後の「つながり力」を豊かに ⋯ 142
STEP1 5年後の主観的満足度を記入する ⋯⋯⋯⋯⋯⋯ 142
STEP2 5年後の目標と1年後の行動目標を記入する ⋯ 143
　　　～「ワクワクアクションプランシート」作成～

未来の見える化④ 5年後の「お金の安心力」を強く ⋯ 148
STEP1 5年後の主観的満足度を記入する ⋯⋯⋯⋯⋯⋯ 148
STEP2 5年後の目標と1年後の行動目標を記入する ⋯ 152
　　　～「ワクワクアクションプランシート」作成～

未来の見える化⑤ 無形負債・有形負債に備える ⋯⋯⋯ 153
STEP1 負債の資産棚卸表をつくる ⋯⋯⋯⋯⋯⋯⋯⋯⋯ 153
STEP2 5年後の目標と1年後の行動目標を記入する ⋯ 155
　　　～「ワクワクアクションプランシート」作成～

行動することが幸せを生み出す ⋯⋯⋯⋯⋯⋯⋯⋯⋯⋯ 159

CHAPTER **6**

座談会

年を重ねるほど
幸せになる人は
ココが違う!

前野隆司 ✕ 及川美紀 ✕ 佐野真功 ⋯⋯⋯⋯⋯⋯ **161**

「老害」という言葉をどう思う? ⋯⋯⋯⋯⋯⋯⋯⋯⋯ 162

「年を取れば取るほど幸せ」は本当? ……………………… 165

「ワクワクまーくん」は数字の鬼だった! ……………… 169

「ありがとう」の一言が世代間格差を縮める ………… 173

「実感年齢」は実際年齢の半分 …………………………… 176

年齢を重ねたから花開く可能性がある ……………… 178

「老後」が気になる40代へのメッセージ………………… 182

CHAPTER 7

70代以上の50人に聞きました!

ポーラ ビューティーディレクターたちが

ワクワクと
働き続けられる理由 …………189

Interview
ギネス認定「最高齢の女性ビューティーアドバイザー」
101歳・堀野智子さん ………………………………… 190

平均年齢77.1歳　アンケート回答者50人の共通点
学び続け、目標を持ち、お客さまに
「ありがとう」と言われることが生きがい ……………… 192

おわりに ………………………………………………… 196

参考文献 … 199

本書CHPTER3〜CHPTER5
「人生ワクワクプログラム」実践編で
掲載している
ワークアクションプランシートは
以下よりダウンロードいただけます

ぜひ実際に記入して、
ワクワクする未来のための
第一歩としてください

ダウンロードはこちら

https://www.pola.co.jp/
special/o/well-being-study/result/04/
index.html

CHAPTER

1

定年後の「不安」を「ワクワク」に変えよう

私も「残念なシニア」だった

「ワクワクまーくん」。それが私こと、ポーラ幸せ研究所研究員佐野真功のニックネームです。ポーラ人事戦略部「ミドルシニア」担当で、ファイナンシャルプランナーの資格を持ち、シニア社員の「ワクワクイキイキ」の実現をサポートしている活動から、このニックネームがつきました。

実は私が現在の仕事についたのは定年退職後。ですから現職のキャリアはまだ1年半あまりです。自分が再雇用後にこんな働き方をするとは、2年前には予想もしていませんでした。

大きなキャリアチェンジのきっかけは、私自身が定年前後にたいへん四苦八苦したことです。ハイ、かつては私がまったく「ワクワクイキイキ」できていない、残念なシニアだったのです。

1984年に新卒でポーラ化粧品本舗（現・ポーラ）に入社して以来、定年までの会社人生の大半を営業畑で歩み、ポーラの店舗（ポーラショップ）を統括するマネジャーとして、みんなで力を合わせ、数字を達成することを喜びとしてきました。

約30年間で担当したショップは千葉、近畿、関越など1000店以上、ポーラショップで働く個人事業主のビューティーディレクター（旧ポーラレディ）とは4000人以上と関わってきました。定年退職直前の肩書はエリアゼネラルマネジャー（部門長）。スタッフ含め約1000人のビューティーディレクターを傘下に抱えていました。

しかし定年退職後の再雇用では、肩書が外れて一般社員となります。「おそらく本社に戻り、販売現場の実務をするのだろう」と考えると、憂鬱になりました。30年近くマネジメント職をしてきた自分に今さら実務ができる気がしません。定年後の自分は「何ができるのか」「どこに居場所があるのか」「いつまでどう働くか」「働く以外の

人生をどうするか」…次々と不安が湧いてきました。

そんなとき会社で開かれたのが50〜60代社員向けのキャリアの研修でした。正直申し上げて、「この年齢になって今さらキャリア構築でもないだろう」とネガティブな気持ちで参加しましたが、この研修が私の人生後半を変える第一歩になりました。

講師が教えてくれたのは、1976年に米ボストン大学経営大学院のダグラス・ホール教授が提唱した「プロティアン・キャリア」をベースにした「キャリア自律」の重要性です。

キャリアとは会社での役割や肩書ではなく、個人の経験の積み重ね。終身雇用制が崩壊していくこれからの時代には、キャリア形成を会社に預けるのではなく、自分で育てていくことがますます大切になる。それが「キャリア自律」というわけです。

キャリア自律育成の意識を持って働けば、定年退職後の再雇用の期間もその経験がキャリアとしてどんどん積み重なっていく。定年後の環境変化に不安ばかりふくらませていた私に可能性という道がぱっと開けたように感じました。

研修後に早速、講師が所属する一般社団法人プロティアン・キャリア協会の代表者で、法政大学教授の田中研之輔さんの著書『プロティアン 70歳まで第一線で働き続ける最強のキャリア資本術』(日経BP)を読みました。「70歳までまだ10年あるじゃないか。まだ新しいことができる。新しいことをやろう」と意欲がさらにふつふつと湧いてきました。

親子ほど年の離れた社員と「定年後」を考える

社内で「新規事業人材育成プログラム」の公募があることを知り、思い切って手を挙げました。これからの若い社員のための企画だと思いつつ、担当責任者に一応「私が応募してもいいのですか」と尋ね

てみたところ、「大歓迎ですよ」と言ってくれたからです。

　20代の女性社員、30代の男性社員、定年直前の私の親子ほど年の離れた3人が1つのチームとなり、新規事業を検討することになりました。同じポーラの社員といっても、こうした機会がなければたぶん出会うことも話すこともなかったであろう3人です。部署も世代も役職も異なる仲間と知り合い、話し、企画を練る時間は実に新鮮で愉快で創造的でした。「多様性が新しい価値を生む」というのはこういうことかと実感しました。

　3人が「ターゲット」に定めたのが、社内の新市場企画プロジェクトが主催する「NEWILL」（ニューウィルと読みます。ポーラの造語です）というプレゼン大会。優勝すれば企画を新規事業としてスタートさせることができるのです。
　では、どんな企画で勝負するか。「人生後半の生き方、働き方に悩んでいる50代の社員がきっとたくさんいる。彼らをサポートするシニアの『ワクワクイキイキ実現プログラム』をつくりたい」と私が提案すると20代、30代のふたりも「面白い」と乗ってきてくれました。「無理して私に合わせてくれているのではないか」と何度か念押ししましたが、「定年後のことは私たちも今から心配だし、解決策があれば自分たちの親にも教えてあげたい」と言ってくれたのです。

　3人でつくったシニアの「ワクワクイキイキ」の実現プログラム「セカンドキャリアNAVI（ナビ）」は、プレゼン大会で最終選考まで残ったものの、残念ながら優勝はできませんでした。しかし、「やりたいこと」が見えた私は、プログラムをもっと良くしたい気持ちから、市場調査をかねて自腹で外部のキャリアカウンセリングを受けたり、本を読んだりし始めました。
　資格の勉強もしました。キャリアの設計を学べる民間資格の「セカンドキャリアアドバイザー」、お金の知識を得られる「ファイナンシャ

ルプランナー（FP）2級」に合格。50代半ばに取得していた「健康管理士一般指導員」は学び直して知識をブラッシュアップ。

「定年後はどうなるのだろう」というモヤモヤした気持ちは、より良いプログラムをつくることを目標に、猛然と勉強し、知識を蓄えることでどんどん晴れていきました。

人生100年を考える社内コミュニティ発足！

そんな私に「定年後は人事戦略部配属、ミドルシニア担当」という辞令がくだったのは2023年の1月。驚きました。先述のように、会社人生の大半を営業畑で歩んできた私。人事の経験はまったくありません。「やれるかな？」と一瞬不安になりましたが、「これこそ私がやりたいことだ」「きっとやれる」という気持ちが勝りました。

人事戦略部ミドルシニア担当になって1カ月で、新規事業企画を提案したチームの2人にも参加してもらって、社内コミュニティ「ライフシフトカフェ」を立ち上げました。

人生100年時代の生き方、働き方（キャリアの築き方）、お金や健康についておしゃべりしたり、共に学び合ったりする社内コミュニティです。当初は50代社員を対象に考えていましたが、ふたをあけてみれば20代から60代までの幅広い世代の社員が集まってくれて、それぞれの得意分野や経験から、お金や介護、キャリアプランニングについて情報交換をしたり、学びあったりしています。

自分自身の経験から、60歳からの人生を充実させるためには40代半ばから準備を始めたほうが良いと常々考えていましたから、これは本当にうれしいことでした。

現在、登録会員は100人超。本社で働く社員の約1割が参加してくれていることになります。当初の目標を約1年で達成しました。

ちなみに「ライフシフトカフェ」とは、人生後半の生き方・働き方に大きな気づきを与えてくれる名著『LIFE SHIFT 100年時代の人生戦

略』(リンダ・グラットン／アンドリュー・スコット著、池村千秋訳／
東洋経済新報社)にちなんだネーミングです。

　さらに、ポーラ社長の及川美紀が2021年に立ち上げた「ポーラ幸
せ研究所」が、本業との兼業で「幸せを研究する研究員」を募集して
いることを知り、こちらにも手を挙げました。
　ポーラ幸せ研究所は、「美と健康を願う人々および社会の永続的幸
福の実現」を企業理念とするポーラが、社員、ビジネスパートナー(ポ
ーラショップのオーナーと、スタッフであるビューティーディレク
ター)、お客さま、地域社会、株主などあらゆるステークホルダーを
幸せにすることを目的にしたプロジェクトです。
　人生後半に必要なものは、仕事、お金の安心、健康、家族や友人
関係などがありますが、それらによって実現したい最終的な目標は「幸
せな人生」ではないでしょうか。高齢化がますます進む日本で、シニ
アにとっての幸せとは何かを研究することは、ポーラ幸せ研究所の
目的にかなうと思いました。

　また、私自身がエリアマネジャーとして、シニアのポーラショップ
のオーナーとスタッフであるビューティーディレクターと接する経
験を通して、「幸せの力」を実感していたことも理由のひとつです。

　ポーラ幸せ研究所のアドバイザーで、幸福学の第一人者である慶
應義塾大学大学院システムデザイン・マネジメント研究科の前野隆司
教授が、「人を幸せにするものは何か？」を分析研究した結果、見出
した「幸せの4つの因子」があります。「幸せの4つの因子」とは、「や
ってみよう」因子(やりがいや強みを持ち、主体性の高い人は幸せ)、「あ
りがとう」因子(つながりや感謝、利他性や思いやりを持つ人は幸せ)、
「なんとかなる」因子(自己を肯定し、何事も「なんとかなる」と思え
るポジティブな人は幸せ)、「ありのままに」因子(自分を他者と比べ
すぎず、自分らしさを持っている人は幸せ)です。

ポーラショップのビューティーディレクターの中には70代、80代、90代、100歳を超えても楽しそうに働き、自ら設定した目標を達成し、仲間もいて幸せそうな方がたくさんいらっしゃいます。そうした方たちは、前野教授の言う「やってみよう」因子と「ありがとう」因子が高いことを実感していました。

人生後半の戦略を自律的に考え、「幸せ」という資産を増やすプログラムをつくろう。そう考えて組み立てていった研修プログラムを「人生ワクワクプログラム」と命名し、ポーラ幸せ研究所所長の及川に日々の活動報告をしたところ、「それはポーラの中だけで共有していてはもったいない。たくさんの人の役に立つから、ぜひ本にまとめてください」と思わぬ展開となり、今、こうしてパソコンのキーボードをたたいているというわけです。

50代会社員が直面する2つの壁

これまでご紹介してきたように、会社生活を夢中で走り続けてきた私が、定年退職後の生き方について真剣に考えるようになったのは定年直前になってからです。当然、定年退職が来ることはずっと前から分かっていたのですが、忙しさを理由に考えることを先延ばしにしていたと言ったほうが正しいでしょう。見えない将来のことを考えるのが不安でしたし、面倒で避けたい気持ちがありました。おそらく同世代の方にはご理解いただける感情かと思います。

多くの会社員には50代前半でまず「役職定年」という壁が訪れます。これは「高齢者等の雇用の安定に関する法律」の1994年の改正で、60歳未満の定年退職制度が禁止され、それまで多くの企業で55歳だった定年が60歳となったことを受けて導入された制度です。

役員になるごく少数の人を除いて、若手に役職を譲り、それによって給与も下がります。これによる役職定年後の社員のモチベーシ

ョンの低下は大きな社会課題にもなっています。年齢を理由に役割もお金も…ですからね。実際、ここ数年は、人手不足、シニアの活躍がうたわれるなか、役職定年を廃止する企業も増えています。(ポーラではもともと役職定年制度がありません)。

　そして次が「定年退職」という壁です。定年退職後も同じ会社で働き続けることを希望する場合、多くの企業で非正規の契約社員として「再雇用」されることになります。部門長、人によっては役員までやって、定年後は再雇用で現場に戻る人もいますし、これからはさらに増えていくでしょう。

　再雇用後、給与は定年直前の半分程度に減ることが多いようです。そのため、「同一労働・同一賃金」の法律に抵触しないよう、再雇用後は定年前と比べて負担の少ない仕事を与えられることが一般的です。結果的に、活躍する機会も、やる気も共に下がってしまうという悪循環の一因にもなっています。
　一方で、企業が定年後の再雇用社員に一律に現役世代なみの給与を払い続けたら、若い社員にしわ寄せがいくことにもなりかねません。今後は、再雇用者も会社への貢献度合いによって処遇が異なる制度へ移行する会社が徐々に増えていくかもしれません。

　本人は昨日と今日で何も変わっていないはずなのに、60歳という年齢を節目に制度で処遇を線引きしてしまうことは、結果的に人生後半の働き方や生活を型にはめてしまう一面があるのではないか。そんな風にも感じています。
　私自身は気持ち(働く意欲)の面まで制度に合わせる必要はないと思い、どうしたら仕事を楽しみワクワクできるか、やりがいを感じることができるかを第一に考えることにしました。収入が減ることは家計的には確かに厳しいですが、仕事のやりがい・充実からは収入以上に得られる満足感があるなと感じます。

男女ともに50代が賃金のピーク

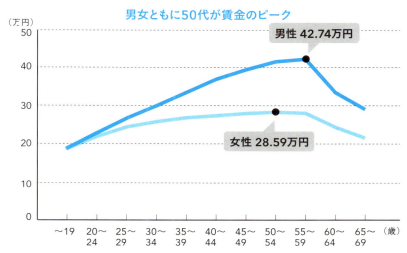

出所：厚生労働省「令和5年賃金構造基本統計調査」

定年後の給与は4～6割減が過半

Q. 定年後の勤務時間・日数、業務量、年収

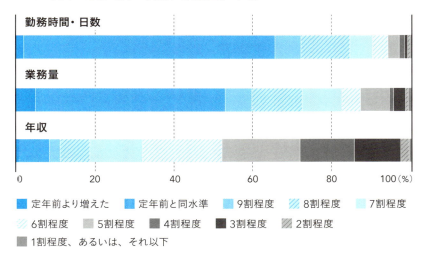

出所：日経ビジネス電子版「70歳定年　あなたを待ち受ける天国と地獄　給料4～6割減が過半、生活のためが6割、定年後再雇用の厳しい現実」（2021年2月22日掲載）

調査は2021年1月、40～74歳を対象にインターネット上で実施。2368人から回答を得た。回答者のうち40代は5.2%、50代は22.1%、60代は72.2%、70代（74歳まで）は0.5%。定年後働いている／働いた経験があるのは51.9%、定年後働いていない／定年前は38.4%。男性は82.1%、女性は17.9%

また収入減に関しては、しっかり準備をすれば生活面での不安は解消できると思っています。

「90代以上現役」がワクワク働くポーラショップ

人生後半の戦略をどう立てるか。大いに参考になるのが、前述の『LIFE SHIFT 100年時代の人生戦略』という本です。この書籍で提言されているのが、人の一生が長くなり（＝人生100年時代になった）、「『教育→仕事→引退』という古い3ステージの生き方」が終わったこと。そして今後は「生涯に2つ以上の仕事に就き、70代、ことによると80代まで働かなくてはならない」マルチステージの生き方が来ると書かれています。ご存じの方も多いでしょう。私も衝撃を受けたひとりです。

私は、人生後半のキャリア戦略を考えるうえで、『LIFE SHIFT』を基に、旧来型の3ステージの人生と、日本の実情も加えたマルチステージの人生を右ページのような図にしてみました。

その結果、マルチステージの人生では、「働く」と「学ぶ」が常に同時進行していくことを改めて実感しました。

『LIFE SHIFT』で私が一番共感したのが「無形資産は、私たちの人生のあらゆる側面できわめて大きな役割を果たす」というメッセージです。『LIFE SHIFT』によると「無形資産」とはスキル、知識、家族、友人、肉体的・精神的な健康など、お金に換算できない大切な要素のことです。人生100年時代を充実させるためには、金融資産という有形資産も大切だが、無形資産も大切という考え方に大いに共感し、「60歳からの40年の生き方が人生の充実度を左右する」と強く思いました。60歳以降もやるべきことがてんこもりの人生なのですから。

私は現在63歳、会社人生はあと5〜10年かもしれません。しかし人生はその後も20〜30年続くと楽観的に考えています。

実際に何歳まで生きるかは私にも分かりませんが、親や叔父・叔母

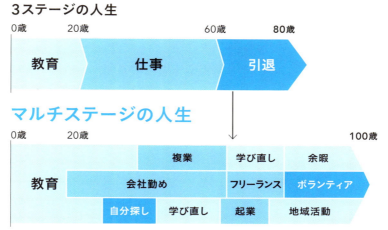

出所:「3ステージの人生」の図は『LIFE SHIFT 100年時代の人生戦略』(リンダ・グラットン／アンドリュー・スコット著、池村千秋訳／東洋経済新報社)を参照して著者作成。「マルチステージの人生」の図は同書の考え方を基に著者作成

を見て「90歳くらいまでは生きるだろう」と勝手に思っています。そのため、健康で働けるなら、会社を完全に引退した後も個人としてワクワク働き続けることを考えたいなと思っています。

　私のように考える人は多いでしょう。実際、内閣府「高齢社会白書」令和6年版によると、60歳以上の働いている男女に「何歳まで働きたいか」を聞いたところ、約9割の方が「70歳くらいまで」以上を選択しています。さらに「働けるうちはいつまでも」が全体の約4割を占めます。

　また、総務省の労働力調査によると、60代以上で働く人の人数は2023年に1468万人、就業者全体に占める比率は21.8%で、データのある1968年以来過去最高を更新しています。

　私の周囲でも、65歳で再雇用での仕事を辞めようと考えていたが、「健康なうちはもう少し働こう」と契約延長を希望したという方が少しずつ増えてきています。また私の知人は、60歳での定年退職後に

21

転職した会社で70歳まで働いて2度目の退職。70代の今も、週2日、自分のペースで働ける仕事を続けています。

ニュースで大々的に報道されたのでご存じの方も多いのではないかと思いますが、ポーラの化粧品販売の現場では、現在101歳の現役ビューティーディレクター堀野智子さんが昨年100歳の時に「最高齢の女性ビューティーアドバイザー」としてギネス世界記録に認定されました（2024年5月に101歳でギネス記録更新）。

ポーラのビューティーディレクターは社員ではなく、個人事業主ですから、定年はありません。2023年の12月時点で90歳以上のポーラショップのオーナー、ビューティーディレクターが284人在籍しています。

私は、ベテランになっても生きがいを感じながら、ワクワクとお仕事されているオーナーやビューティーディレクターと長年一緒に働いてきましたから、その姿にたくさんの刺激を受け、「生涯現役」という生き方に憧れを持つようになりました。

ちなみにポーラでは「生涯現役」という考え方は、私が入社した40年前から既に当たり前のように言われていました。ただ当時は80代が年齢のピークの印象でしたので、90代以上のビューティーディレクターが300人近くもいる今は、そのときよりさらに10年くらい活躍期間が延びている感じです。

CHAPTER7では70代以上のビューティーディレクターたち50人にアンケートを取った結果を紹介していますが、複数の方から「生涯現役」という言葉が出てきました。中には「終身現役」という言葉を書いてくださった方もいます。読売ジャイアンツの長嶋茂雄終身名誉監督みたいでかっこいいと思いませんか。

「75歳まで現役」が当たり前に

　社会も人生後半に活躍し続けることを求めています。高齢化と人手不足が進む日本において、人生後半の働き方の課題はシニア個人だけのものではなく、社会的なものなのです。若い世代が少なくなる分だけ、60代、さらに70代も前半までは、支えられる側ではなく、支える立場の人たちがこれから増えていくと考えます。

　2021年には「改正高年齢者雇用安定法」が施行され、事業主は65歳までの雇用確保義務に加えて、70歳までの就業確保の措置を講ずることが努力義務となりました。

　併せて「在職老齢年金」が改定され、年金を受け取りながら会社員として働く場合に一定金以上の賃金を得ていると年金がカットされる「基準額」が引き上げられるなど、国や社会がシニアに長く、積極的に働いてほしいと考えていることがよく分かります。在職老齢年金は「シニアの就労意欲をそぎかねない」として2025年の年金制度改正では制度自体がなくなる可能性もあります。

　もはや、65歳まで「我慢すれば」、老後に突入という時代ではありません。再雇用の上限年齢65歳を70歳に延長したり、上限年齢をなくしたりする企業が出てきています。再雇用延長、定年制度廃止などの動きが急激に起きていることをあなたも感じているはずです。

　もちろん健康状態によりますが、70歳までは働いて収入を得て、社会保険料を払い続けることを期待されています。そして70代以降、収入を得る仕事は辞めても、地域活動やボランティアで社会に貢献し、何らかの形で社会とのつながりを持ち続けるという「生涯現役」の人生が当たり前になると私は考えています。「引退・老後」という考え方が大きく変わってきています。

最近、地元に貢献できるボランティアに興味が湧いて、調べてみたところ、高齢者の方のお買い物や通院を車で送迎して支援する運転手ボランティアの募集がありました。年齢制限が75歳までとなっていました。

　つまり、70代前半まではサポーターになってほしい年代ということです（私も半年ほどかけて研修を受講し、現在サポーターとして少々活動しています）。75歳という年齢制限も、運転免許の返納などの問題があるから設定したのではないでしょうか。これからの日本社会において、70代はまだまだ現役感覚なのです。

ジョブ型雇用時代に必要な人生戦略

　こうした変化の一方で、マネジメント職に就く40〜50代から不安の声も聞こえてきます。

　企業は20代の社員にもリスキリング（学び直し）やキャリア支援を積極的に提供し、職務内容を明確にして成果に応じて処遇する「ジョブ型雇用」が大手企業を中心にどんどん導入されています。

　一方、40代の会社員からは「業務に追われ、具体的に自分の将来を考える気持ちの余裕や時間が持てない」などの声が上がります。また子供の教育、住宅ローン返済などの負担感もあり、幸福度が下がりやすい年代とも言えます。事実、前野隆司教授によると、人生の幸福度は40〜50代が一番低いという海外の調査結果があるそうです。

　その「幸せの底」にいる厳しい時代にこそ、人生後半の戦略を立てることを考えてみてほしいのです。特に従来型の「ゼネラリスト」は今後の働き方の変化の中で取り残されかねません。役職にはついたけれど、スペシャリストといえる特技がなく、仕事に追われて家庭や地域、仲間との関係は築けず、結局、60歳で定年になったとき「会社にしがみついて、やらされ感のある仕事をこなす」毎日になるな

んて、避けたいと思いませんか。

何歳になっても業績に貢献できる人材として期待される。仕事から得るのは経済的な安心だけでなく、生きがいや働きがい、社会に貢献して誰かの役に立っているという実感。長年蓄積された経験に裏付けられた度胸や、後輩を育てようという気持ち。そういう働き方をする人は組織の生産性を上げ、幸福度を上げていくと思います。

同時に、個人としては会社から独立して起業したりフリーランスとして働いたりする選択肢も持っておきたいと思います。

そのためには自分が得意なこと、好きなこと、積み上げてきたスキルを明確にし、人生後半の戦略を成り行きではなく、自分の意志でつくっていくことが重要です。
今の自分と、5年後になりたい自分の姿を描き、そのギャップを明確にすれば、今から何をすればいいかが自然に分かります。

お金では手に入らない「長続きする幸せ」

誰もが、これからの人生が心身的にも経済的にも豊かで幸せであることを望むでしょう。
「幸せな老後を過ごすための条件は？」と問われたときに、すぐに思い浮かぶのは、もしかしたら「お金の不安がないこと」かもしれません。もちろんそれも大切なことですし、本書でもそのためのノウハウも紹介しますが、幸福学では「お金以外の要素のほうが幸せにとって重要」という研究結果が出ていると前野教授は言います。

それはなぜか。幸せには「長続きしない幸せ」と、「長続きする幸せ」の2種類があるからだそうです。
前野教授によれば、「長続きしない幸せ」は、幸福学でいう「地位財」

によってもたらされるものです。「地位財」の「地位」とは「自分が他人と比べてどのようなポジションにいるか」という意味の地位で、地位財とはお金、モノ、社会的地位などを指します。

「地位財」は、何をどれだけ持っているかを数字のようなはっきりした基準で示すことができ、人との比較が簡単にできます。そのため、周りの人よりも多く、より価値あるものを手に入れることに満足を感じますが、その気持ちよさは思いのほか短期間しか続かないのです。そのため、「もっともっと」と求めることになります。

老後を安心して生きるには2000万円が必要という「老後2000万円問題」がメディアを賑わせましたが、果たして2000万円の資産をつくれたらお金の不安はなくなるのでしょうか？ おそらく「もっと必要」「まだ不安」となるのではないでしょうか。

「地位財がもたらす幸せは長続きしません。だから、『もっと、もっと』が止まらないのです」と前野教授は言います。

では、「長続きする幸せ」とはなんでしょうか？ 愛情、社会とのつながり、生きがい、働きがいなどによってもたらされるものだそうです。

例えば仕事の場でお客さまから思いがけず「ありがとう」と言われること。誰かの役に立ったという充実感。これらは形がなく、数値化しにくいため「非地位財」と呼ばれます。自己肯定感の高さ、将来的に実現したい夢があることもここに含まれるそうです。

非地位財がもたらす幸せは、ひとたび感じられたら状況が変わらない限り長く続くのが特徴で、これをウェルビーイングな状態だというのだそうです。

「非地位財による幸せは『絶対的幸福』と言えるかもしれません。お金やモノによる幸福感よりも広く深く、確かな幸せです」と前野教授は言います。

そしてそうした長く続く幸せには、働く喜びややりがい、生活全

体の充足感や家族や大切な人との関係が欠かせないのだそうです。

　だからこそ、忙しくても後回しにしないで、自分のために時間を取って人生後半のための準備に取り組むことを強くおすすめします。50歳はまだ人生の折り返し地点です。もちろん60代でも遅すぎませんし、40代でも早すぎません。私は誰でもいつからでも、人生をワクワクと充実したものにできると思っています。それを実現できるかどうかは、あなた次第なのです。

　私は定年近くになってバタバタと動き始めましたが、もっと早く準備しておけばもっと良かったなと思っています。何歳からでもワクワク人生への転換は可能ですが、準備は頭も身体も柔軟な時期から始めたほうが、可能性が広がると感じます。

　人生後半の行動戦略として、自分自身の反省と学び、「生涯現役」を楽しむポーラ ビューティーディレクターたちが背中で教えてくれたノウハウをつめこんだ「人生ワクワクプログラム」をつくりました。時代の変化に対応し、自分の意志と行動にワクワクを増やすプログラムです。CHAPTER2よりじっくりお伝えしていきます。

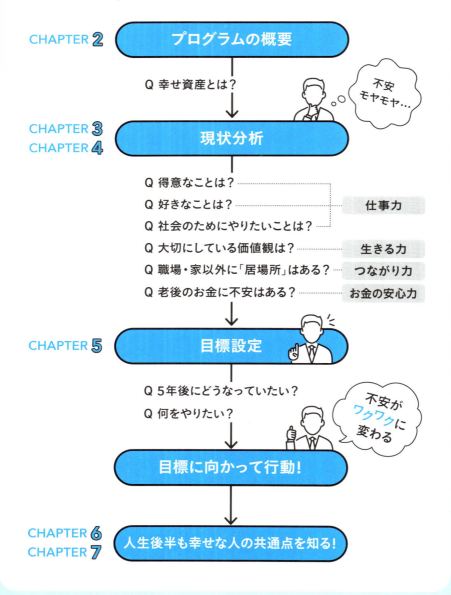

CHAPTER

2

「幸せ資産」を増やす
「人生ワクワクプログラム」

「人生ワクワクプログラム」を始めよう

　60代からのセカンドライフを充実させるために必要なのが「人生後半の行動戦略」です。その最大の目的は、自分らしい幸せ、「ウェルビーイング」の実現です。

　ご存じの方も多くいらっしゃると思いますが、ウェルビーイングは今、世界中の国や企業がその達成を目指すキーワードです。WHO（世界保健機関）の憲章における定義は「肉体的にも精神的にも社会的にも、すべてが良好な状態（＝ウェルビーイング）にあることが健康である」というものです。私は、『幸せなチームが結果を出すウェルビーイング・マネジメント7か条』（及川美紀、前野マドカ著／日経BP）に書かれた「ウェルビーイングとは長く、広く、確かな幸せ」という説明が分かりやすいと思います。確かな幸せが、長く、たくさんの人の間に広がる。まさしく人生後半に目指したいあり方です。

　ではウェルビーイングはどうしたら実現できるのでしょうか。人生後半の生き方に関わる全ての行動に「ワクワク」を注入することが大切だと私は考えています。そしてワクワクの注入に欠かせないのが、「これからどうしたいか」「何をするのか」を自分で見つけ、決めることです。なぜなら、「私が何にワクワクするのか」は、自分自身にしか分からないからです。

　そう言われてもまず何から始めたらいいか分からないという人のほうが多いでしょう。
　CHAPTER2では、ポーラ幸せ研究所で私がつくり、40代以上の社員向けに行っているセミナー「人生ワクワクプログラム」の概要を通して、戦略を立てる道筋を紹介していきます。

プログラムのゴールは幸せを増やすこと

　大前提としてぜひお伝えしておきたいのが、「人生ワクワクプログラム」が目指すのは、人生後半をワクワクと幸せに生きることであり、そのための活動自体が人生の幸福度を上げてくれるという考えを基に設計されていることです。仕事やお金の安心は目的ではなく、そのための「手段」と考えます。

　例えば人生後半の戦略を立てる際に、長く働き続けること、老後資金をたくさん貯めること自体が目的となってしまっては本末転倒です。実際、生活のためだけに働くのではワクワクしないので、長く働き続けることはなかなか難しいのではないでしょうか。前野教授の研究室がパーソル研究所と共同で行った「働く人の幸せに関する調査」では、働く幸せの実感が最も低い人のグループと最も高い人のグループでは、「働き続けたい年齢」に8年もの差が出ています。言うまでもなく、働く幸せの実感が高い人たちのほうがより長く「働き続けたい」と考えるのです。

　自分がワクワクする仕事で働けるように戦略を立て、実現するための学びを重ね、ネットワークづくりをする。努力はたやすいことではないかもしれませんが、それ自体を楽しむことができれば、やりがい、生きがいを感じる幸せが得られ、さらに経済的な対価につながっていくはずです。それが目指すゴールです。

「人生ワクワクプログラム」の構成とやること

プログラム1
生きがいの発見
・仕事力
・生きる力
・つながり力

→

プログラム2
お金の安心の発見

→

プログラム3
5年後の未来の見える化

そのため、「人生ワクワクプログラム」では、第一に「生きがいの発見」、第二に「お金の安心の発見」を経て、第三に「5年後の未来の見える化」という3つのプログラムのワークを通じて人生後半の行動戦略を立てていきます。

例えばプログラム1「生きがいの発見」の目標の一つが、人生後半をワクワクさせる「やりたい仕事」の発見です。これは書籍『プロティアン　70歳まで第一線で働き続ける最強のキャリア資本術』で提唱されているキャリア自律の考え方とも連動します。

キャリア自律とは、個人がキャリアについて自分なりの考えを持ち、主体性をもって自身の力でキャリアを切り拓くことです。各人の職務内容と求められる成果が明確なジョブ型雇用が進行する今、現役世代に急速に求められるようになっていますが、人生後半の戦略を立てる際にも重要なのは「主体性」なのです。

また、「人生ワクワクプログラム」の戦略づくりの前提となっている

「3ステージの人生」から「マルチステージの人生」へ

3ステージの人生

0歳	20歳		60歳	80歳
教育	仕事		引退	

マルチステージの人生

0歳	20歳			100歳
		複業	学び直し	余暇
教育	会社勤め		フリーランス	ボランティア
	自分探し	学び直し	起業	地域活動

出所：「3ステージの人生」の図は『LIFE SHIFT 100年時代の人生戦略』（リンダ・グラットン／アンドリュー・スコット著、池村千秋訳／東洋経済新報社）を参照して著者作成。「マルチステージの人生」の図は同書の考え方を基に著者作成

のは、CHAPTER1でも紹介した書籍『LIFE SHIFT 100年時代の人生戦略』が提言する、3ステージの人生からマルチステージの人生への転換です。60歳でリタイアする3ステージの人生から、70〜80歳まで働き続け100歳まで生きるマルチステージの人生にシフトしたことで、学び方、働き方、資産形成の方法がこれまでとは大きく変わろうとしています。

人生後半を3つに分ける

　マルチステージの人生に適した戦略を立てるためには、できればなるべく早い段階で、人生後半に自分がどうありたいか、何をしたいのかを明らかにすることが必要となります。
　そこで、「人生ワクワクプログラム」では、人生後半の行動戦略を40代以降の3つのフェーズで考えることを提案しています。

　フェーズ1は40〜50代。セカンドライフの準備期として仕事の専門性やスキルなどキャリアを蓄積していく時期です。
　社外での複業や社内の別部署での兼務が可能であればぜひトライしましょう。第二のキャリアにつながりますし、現在の業務にも活かされるはずです。
　特に管理職の方はマネジメント業務以外の専門性・得意を磨いてお

人生後半の戦略は3つのフェーズで考える

フェーズ1 40〜50代	フェーズ2 60〜70代	フェーズ3 80代〜
セカンドライフ **準備期** キャリアを蓄積	セカンドライフ **充実期** 人生を動的に楽しむ	セカンドライフ **総括期** 人生を静的に楽しむ

かないと、定年再雇用後に現場での仕事に戻る際に苦労してしまいます（CHAPTER1で紹介した私自身の定年前後の試行錯誤も、長年管理職ばかりをしてきたからこそでした）。転職・起業・フリーランスとして独立することを考えているなら、なおさら自分の強みがあるかないかがモノを言います。

DX（デジタルトランスフォーメーション）など社会全体の変化にも対応できるように知識を磨いておきましょう。

フェーズ2は60〜70代。多くの会社員が定年を迎えます。定年前の会社で再雇用されて働き続ける人もいれば、定年を機会に転職、起業、フリーランスとして独立する人もいるでしょう。

「学ぶ・働く・遊ぶ・つながる」をアクティブに実行する時期です。セカンドライフの充実期として、やりたいことができる体力があるうちに人生を思いっきり楽しみましょう。

再雇用で働く方は現役時代と比べて年収が下がるケースが多く、不安や不満もあると思いますが、前述した通り、「下がった年収に合わせるような働き方でいい」と考えるとモチベーションは下がる一方です。当然仕事も面白くありませんし、意欲のない人には新しいチャンスも回ってこないという悪循環になりかねません。

60代以降の働き方では、「誰かの役に立つ」「感謝される」ことを喜びにする「利他」の意識がワクワクと幸福度を高めてくれます。前野教授の研究グループの統計分析が幸福度を高める4つの因子の一つとして、人と社会への感謝を示す「ありがとう」因子を満たすことの重要性を明らかにしましたが、人生後半に欠かせないのがまさしくこの「ありがとう」因子なのです。

フェーズ3は80代以降です。セカンドライフの総括期として人生を楽しみながら、家族や社会に感謝を伝えていきます。次第に身体的な不自由さが出てくることは避けられませんが、好奇心を持って

人生を楽しむことは生涯続けていけます。

　93歳になる私の母は好きな小説を読んだり、スマホのLINEでひ孫の写真や動画を観たりして毎日を楽しんでいます。足が痛いなどと言っていますが、昨年まではハーモニカの演奏会にも参加していました。なんと今年からはピアノを習い始めました。

　ポーラショップのオーナーとスタッフであるビューティーディレクターには、70代、80代、90代で、仕事も人生もパワフルに元気な方が大勢いらっしゃいます。

　前野教授は、「からだの不調＝不幸せとは限らない」と言います。確かに、「あちこち調子が悪い」と言ってはいても笑顔が素敵で人生を楽しんでいる先輩を見ていると、生涯、人生を楽しむ気持ちこそが大事で、大切にしていきたいと感じます。

101歳でワクワク働く秘訣

　人生後半戦のフェーズ2で、60〜70代をワクワクさせてくれるのに「利他」の意識を持って働き続けることだと書きました。その最高の「エビデンス」がポーラにはたくさんあります。

　私も長年接してきたポーラショップのベテランオーナーやビューティーディレクターたちです。70代、80代、90代を超えても実にワクワクとお仕事をされている方がたくさんいるのです。

　この書籍のために、70代以上でワクワク働き続ける日本全国のポーラショップのオーナーとビューティーディレクター50人に協力をいただき、アンケート調査を行いました(その結果はCHAPTER7に掲載していますので、ぜひお読みください)。

　その中のおひとりが、今年5月にギネス世界記録を更新された101歳の現役ビューティーディレクター、堀野智子さんです。お話を聞いてびっくりしたのは「99歳のときに取材で『あと1年で100歳ですね』と言われるまで年齢を意識したことはなかった」とおっしゃったことです。

お客さまとお話をするのが何より楽しみで、101歳の今も新製品の勉強を欠かさないそうです。必ず自分で購入して使ったうえで「いいな」と感じた商品をお客さまにすすめ、きれいになって喜んでもらえる販売の仕事に喜びを感じていると教えてくれました。お客さまを信頼し、信頼されることが励みになっていること、「命の限りポーラの仕事を続けたい、新しいお客さまを増やしたい」という言葉も強く印象に残りました。今も徒歩とバスでポーラショップに定期的に出勤されています。通勤中のバスの中で声をかけた方が新しいお客さまになってくれることがあるとうかがって、60歳の定年で悩むことはなんとちっぽけだろうと思ってしまうくらいでした。

　ポーラの営業現場には「喜ばれることに、喜びを」という理念が長年受け継がれてきています。「必要とされている、役に立っている」という実感が生きがい、働きがいにつながっているのだと思います。
　前述のアンケートに協力いただいたたくさんの方から「健康なうちはお客さまや仲間のためにできるだけ長く仕事を続けたい」という言葉を聞きました。店舗で一緒に働く仲間たちの成長を応援し、ときには逆にサポートをしてもらう。お互いの信頼関係、仲間との絆に喜びを感じるベテランオーナーもたくさんいらっしゃいます。
　自分のためだけに働くのではなく、誰かに喜んでもらいたいという利他の精神が仕事と生き方に大きく影響していることを実感します。

「働きがい」を感じる3つの要因

　このような話をすると「ポーラショップのオーナーやビューティーディレクターは個人事業主だからそもそも定年もないし、会社員とは違うでしょう」と思われる方がいらっしゃるかもしれません。
　実際のところはどうでしょうか？　ポーラ幸せ研究所と人事戦略部が社員に向けて行った調査結果をご紹介しましょう。

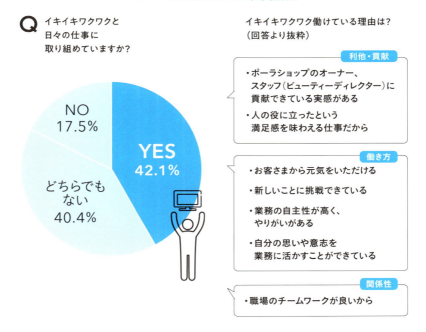

出所：ポーラ「シニア働きがい調査」、2022年に50〜60代のミドルシニア社員にアンケート調査を実施
※ ■ のキーワードは「ミドルシニアの働きがいを決定する3つの要素」(p.38)に紐づけて分類

　上のグラフは2022年に50〜60代のミドルシニア社員114人を対象に働きがい調査を実施した結果です。「イキイキワクワクと日々の仕事に取り組めていますか？」という質問に対して、「YES」が48人（42.1％）、「NO」が20人（17.5％）、「どちらでもない」が46人（40.4％）という結果でした。イキイキワクワクと働いているミドルシニア社員が4割超で最も多かったのです。

　その理由として挙がったのは「オーナーやビューティーディレクターのために貢献できている」「お客さまから元気をいただけている」「新しいことに挑戦できている」などの声でした。今の仕事に働きがいを感じている点に共通点がありました。

　さらに翌年、第2弾の調査として「イキイキワクワクと日々の仕事

に取り組めている」60代のポーラ社員13人に各1時間のヒアリングをしました。ヒアリング対象は男女、定年前の役割、勤務地などが偏らないようにしました。

「働きがいを感じるとき」として挙がったのは、「現場から必要とされているとき」「経験を仕事に活かせたとき」などで、「仕事に工夫・変化を加えることができているか」という質問には92％からポジティブな回答が返ってきました。

「ワクワクを感じるとき」としては、「現場が元気になったとき」「期待されたとき」「成果が出たとき」「収入がアップしたとき」などがありました。

　2つの働きがい調査の結果をまとめたのが下の「ミドルシニアの働きがいを決定する3つの要素」の図です。

ミドルシニアの働きがいを決定する3つの要素

| 1　役に立っている |
| 2　貢献できている |
| 3　感謝の言葉 |

利他・貢献
感謝、社会性

キャリア

働き方
自律、
心理的充実

関係性
心理的安全性

| 1　経験・得意を活かせる |
| 2　新しいことに挑戦できる |
| 3　自分の意志を反映できる |

| 1　上司との良好な関係 |
| 2　チームワーク |
| 3　後輩から頼られる |

要素1　「利他・貢献」（感謝、社会性）：
「役に立っている」「貢献できている」「感謝の言葉を受けた」など。

要素2　「働き方」（自律、心理的充実）：
「仕事に自分の意志を反映できる」「経験・得意を活かせる」「新しいことに挑戦できる」「結果に対して最高の努力を尽くしたという満足感が得られる」など。

要素3　「関係性」（心理的安全性）：
「上司やチームメンバーとの信頼関係がある」「連帯感がある」「後輩から頼られる」「後輩の相談に乗る」「後輩へ経験を伝える」など。

　特に要素1の「利他・貢献」は、ポーラショップのオーナー、ビューティーディレクターたちが常々口にする「感謝される喜び」「誰かの役に立っているうれしさ」と共通しています。個人事業主と会社員の働き方は違っても、何に生きがいや働きがいを感じるかには共通する部分が大きいと言えるのではないでしょうか。

あなたの「WILL」を見つけよう

　会社員が「生涯現役」を考える場合、再雇用期間だけで考えないことが大切です。65〜70歳くらいで会社人生は終えるかもしれませんが、人生はそのあとも20〜30年続くでしょう。
　ですから、「人生後半の行動戦略」は再雇用期間が終了し、会社を辞めた後の働き方も含めて考え、準備しておくことをおすすめします。マルチステージの人生では、今は会社員であっても65歳以降、人によっては70代以降に、個人事業主として働く可能性があります。

　なかには、「そんなに長く働きたくないよ」と思われる方もいらっしゃると思います。仕事に「やらされ感」があったり、経済的理由だ

けで働き続けたりしていると、早く仕事を辞めたいと考えるのも仕方ないことかもしれません。では逆に、長く働きたいと思うようになるには何が必要だと思いますか？

　再雇用されて今の会社で働き続けるのであれ、個人事業主として独立するのであれ、仕事を長く続けるには、仕事を通して働きがいや喜び、楽しさなどの心理的充実を得られることが不可欠だと私は思います。そして心理的充実は自らが主体的に取り組まなければ得られないものだとも思います。例えば会社の業務であっても主体的な取組みをするかしないかで、得られる充実感は大きく変わるのではないでしょうか。

　仕事だけでなく、人生のあらゆる場面で未来につながるような期待感・躍動する気持ちを「ワクワク」と私は表現しています。そして何をすれば人生後半をワクワク生きられるかを決めるのは、その人の「WILL」（「〜したい」「〜でありたい」）、意志次第だと考えます。「WILL」のパワーはこれまで1万人を超えるポーラのショップオーナーとビューティーディレクター、社員の育成面談を行ってきた私が体験的に実感しています。自分の「WILL」を堂々と発表し、自分の意志で本気で取り組む姿を見せ続けることができる人は、たとえ最初は多くの人が妄想に近いと感じるような「WILL」であってもやがて共感を集め、妄想を現実のものにしていく。その現場を何度も見てきました。そこを出発点に現在では大きな組織のオーナーに成長されている方も大勢いらっしゃいます。

　定年後の働き方は、再雇用・複業・転職・起業・フリーランスなどがありますが、決めるのはあなた自身です。再雇用で働く場合、たとえ同期入社であってもそれぞれの事情で何歳まで会社で働くか、どのタイミングで会社を引退するかは異なります。人生後半の行動戦略は一人ひとり異なるので、自分で決めなければいけません。

例えば私は、再雇用されてポーラで働いていますが、仮に70歳で会社を辞めた場合、「セカンドライフクリエイター」としてミドルシニア支援のビジネスを本業にしたいと思っています。現在、人事戦略部とポーラ幸せ研究所の兼務をしているのはその準備でもあります。会社を辞めてから考えるのでは遅いと思い、行動しているわけですが、本音では、定年前から準備しておけばよかったと思っています。

実は退社後を見据えて、スキルシェアサイトに登録し、SNSでメッセージ配信などを行っていますが、成果につながるには時間がかかるなというのが実感です。

私を含め現在の60代は「副業禁止」が当たり前の時代で長くきましたので、正直、変化への対応が遅れてしまったなと感じています。「人生ワクワクプログラム」はそんな自省も糧として、たくさんの人のお役に立つように設計しています。

あなたは今、何にモヤモヤしている？

「人生ワクワクプログラム」についてさらに詳しくご紹介する前に、ここで簡単な質問をさせていただきます。下のチャートに沿って回答をお願いします。

Q あなたの「モヤモヤ」は何ですか？

\ 不安・分からない・知りたいこと /

生きがい	モヤモヤ	●人生後半にやりたい仕事 ●自分が得意・好きなこと ●家族・友人との関係 ●社会との関わり
お金の安心		●老後に必要な金額 ●お金の貯め方・稼ぎ方 ●お金の増やし方・使い方 ●年金だけで暮らせるか
今と5年後		●幸せとは？ ●年を重ねても 　幸せでいるには？ ●幸せを左右するものとは？

質問は「生きがい」「お金の安心」「今と5年後」の3つのジャンルに分かれています。

- **「生きがい」**
- **「お金の安心」**
- **「今と5年後」**

それぞれのジャンルで「不安に思っていること」「知りたいこと」を項目として挙げました。それぞれの項目から、あなたが「モヤモヤ」するものを選んでください。複数項目を選択されても構いません。

さて、どのジャンルの項目を多く選びましたか？ 3つのジャンルのそれぞれの意味について簡単に解説しますね。

「生きがい」はあなたの人生の目的や働き方を知る項目です。「人生後半の行動戦略」を考えるうえで軸となる、人生の"Why"に関わる部分となります。

多くの人にとって即答は難しい項目が並んでいるかもしれません。モヤモヤを解くには、時間をかけて自己理解を進めていく必要があります。「人生ワクワクプログラム」のプログラム1でそのソリューションを提供します。

「お金の安心」はあなたのセカンドライフの経済的基盤（経済力）を知る項目です。あなたにとってセカンドライフに必要なお金はいくらなのか。そのためにどんな準備をすればいいのか。貯めるばかりでなく、人生を豊かにするために上手にお金を使うことも知っておきましょう。「人生ワクワクプログラム」のプログラム2でそのソリューションを提供します。

「今と5年後」はあなたの人生の満足度を知る項目です。人生の豊かさや幸せを実現するための「幸せ資産」の増やし方を、ポーラ幸せ研

究所オリジナルの方法で提案します。「人生ワクワクプログラム」の総仕上げであり、プログラム3に連動しています。

　全ての項目にモヤモヤするという方もいらっしゃるかもしれませんね。
　ポーラ幸せ研究所が社内で行ったこれまでのワークの実感では、40〜50代の方は「お金の安心」と「今と5年後」、60代以上の方は「生きがい」と「今と5年後」に紐づいた項目にモヤモヤされる傾向がありました。
　仕事での役割、子供の教育、住宅ローンの返済、老後資金準備、医療・介護などの要因が関係して、年代によってモヤモヤの項目が変わるのかなと理解しています。

「幸せ資産」が増える仕組みをつくる

「人生ワクワクプログラム」の目的は、人生後半の戦略をつくること。そして、人生後半の最大の目的は、自分らしい幸せ、ウェルビーイングの実現だとこの章の冒頭に書きました。
「人生ワクワクプログラム」では、自分が何にワクワクするかを明らかにし、人生後半の生き方に関わる全ての行動に「ワクワク」を注入していきます。そしてワクワクする行動を繰り返すことによって「幸せ」という「資産」をどんどん増やしていくことを目標としています。

　そのプロセスを図式化したのが、「『幸せ資産』を増やすサイクル」（っ.44）です。

　少し分かりにくいかもしれませんので、流れを簡単に説明していきます。
①現状把握：
　「生きがい」と「お金の安心」について、自分の現在の状況を棚卸しします。その現状に主観的にどの程度満足をしているかの測定も

します。

②ありたい姿の設定:

人生後半を幸せにするために5年後にどのように変わっていたいか。①の現状把握の各項目について目標を設定し、実現できた場合の主観的満足度を目標として設定します。「なりたい姿」を実現するうえで大事なエンジンとなる、「WILL」(「〜したい」「〜でありたい」)を明らかにし、目指す未来を設定します。

③計画をつくる:

「現在」と「5年後」のギャップを埋めるためにはどんな行動が必要か。

「幸せ資産」を増やすサイクル

1	現状	現在の私
		WILL(目指す未来を設定)
2	ありたい姿	5年後に「なりたい姿」
		現状とのギャップ
3	計画	ギャップを埋める行動計画「ワクワクアクションプラン」を作成
4	計画を実行	
5		半年〜1年ごと 計画の進捗状況を確認
		目標に向けての過程を楽しむ
6	ゴール	「ありたい姿」を実現
7		①に戻り、次の5年の新たな目標設定

行動計画を「ワクワクアクションプラン」として作成します。（5年
後のゴールに向けて1年ごとに実行する具体的な行動を記入）

④計画を実行：

「ワクワクアクションプラン」の1年ごとの行動目標達成に向けて計
画を実行します。同時に行動そのものを楽しみます。

⑤計画の進捗状況を確認：

半年〜1年ごとに「ワクワクアクションプラン」の進捗を振り返りま
す。計画実行が遅れている場合は計画を見直し。ただし目標を達
成することよりも目標に向けての過程を楽しむことが大切です。

⑥ゴール：

5年後のゴール（ありたい姿）を実現します。

⑦新たな目標設定：

次の5年に向けて、新たに「ワクワクアクションプラン」をつくりま
す。①に戻り、スタートします。以降5年ごとにこのサイクルを繰
り返します。

　言うまでもなく、「ワクワクアクションプラン」は会社の業務目標と
は違います。上司への報告ももちろん必要ありませんから、義務感
では行わないでくださいね。あなたの幸せな人生の実現に向けて、
ワクワクを大切にして、主体的に楽しく行ってください。あなたの
幸せづくり、夢づくりと思いながら進めていくことが成功のポイン
トです。

FP視点で考えた「幸せのバランスシート」

「人生ワクワクプログラム」のゴールは、「幸せ資産」を増やすことです。
では改めて、そもそも「幸せ資産」とは何でしょうか？

　書籍『LIFE SHIFT 100年時代の人生戦略』は、マルチステージの
人生には、お金に換算できる「有形資産」と、お金に換算できない「無
形資産」が共に重要であると提言しています。そして「無形資産」とは、

家族、友人、高度なスキル、心身の健康などであり、長く生産的な人生を築くために極めて大きな役割を果たし、有形の金融資産と同じくらい重要だとしています。

「人生ワクワクプログラム」が目指す「幸せ資産」に照らし合わせると、「生きがい」が「無形資産」、「お金の安心」が「有形資産」となります。
　目には見えない無形資産を、ファイナンシャルプランナー（FP）の視点で「見える化」したいと考えて、私がつくったのが下の「幸せ資産のバランスシート」です。無形資産と有形資産をバランスシート（貸借対照表）に当てはめて可視化することを考えつき作成したものですが、その後、書籍『プロティアン　70歳まで第一線で働き続ける最強のキャリア資本術』でも、「キャリアの貸借対照表」として同様の形での提案がされていることが分かりました。

　有形資産はご存じの通り、金融資産（預金、証券、保険など）や不動産（住宅、自動車など）です。

「幸せ資産のバランスシート」

資産	負債
無形資産 ●仕事力 　（成長・学び） ●生きる力 　（気力・充実感） ●つながり力 　（変化・多様性）	**無形負債（リスク）** ●健康・介護リスク ●人的トラブル **有形負債** ●ローン 　（住宅・自動車など）
有形資産 ●預金・証券・保険など ●住宅・自動車など	**純資産** 豊かな人生 ＝ 幸せ

一方「無形資産」はスキルや知識などの仕事に関係する資産、健康や家族・感動体験（思い出）など生きる活力に関係する資産、そしてネットワーク（人脈）や変化に対応することに関係する資産です。会社で言えば、経営ノウハウや社員のタレント（能力・資質・才能）などが無形資産として注目されています。

　無形資産はそれ自体に価値がありますが、スキルや人脈など、無形資産が有形資産を増やす効果も期待できます。「幸せ資産」を増やすためのコアが無形資産なのです。

　「人生ワクワクプログラム」では、無形資産は「仕事力」「生きる力」「つながり力」から成るとし、3つがバランスよく合わさることで「生きがい」になると考えます。仕事は大切ですが人生の一部。家族や友人との関係、心身の健康などの「ライフ」があってこそ。仕事と人生を並列に考える「ワークライフバランス」よりも、人生の喜びの一つに仕事があると考える「ワークインライフ」がしっくりきます。

　一方、有形資産は金融資産や不動産などで、老後のお金の安心の基となるものです。ただし不安だからと言ってお金を増やすことば

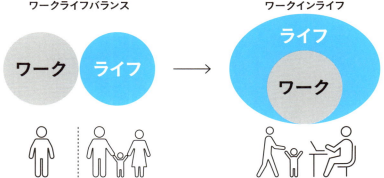

ワークインライフの考え方

かりではなく、新たなスキルや経験を得るためのチャレンジに投資することも重要です。社会の誰かのためにお金を使うこと（寄付など）も人生後半には考えたいことです。

経済コラムニストの大江英樹さんは、著書の『90歳までに使い切る　お金の賢い減らし方』（光文社新書）で、思い出や人にお金を使うことが人生を豊かにすると書かれています。資産を目指したい未来のために使って、その投資がまた資産を増やすことになる。そんな良い循環を「人生ワクワクプログラム」では目指します。

一方で、「無形負債」とは、幸せ感を減らす「リスク」となりうるものです。健康や介護のリスク、人的トラブルなど、個人の置かれた環境や価値観によって何を「無形負債」とするかは異なります。「私らしい幸せ」の実現を阻害するリスクは何だろうかとぜひ考えてみてください。

「幸せ資産バランスシート」では無形資産と有形資産の合計から、無形負債と有形負債を除いた分が、純資産＝豊かな人生＝幸せと考え、ここを最大化することを目指しています。

「生きがい」と「お金の安心」の好循環

　ここで、人生後半戦の幸せ資産の運用公式を紹介しましょう。

　積み立て投資を続けている方なら、「どこかで見たことがあるような公式だな」と思うのではないでしょうか。資産運用の成功の公式とされる「長期・分散・積立」投資の考え方が、実は幸せ資産の運用にもあてはまるのです。

　40〜50年という時間をかけて、有形資産と無形資産の両方を増やすワクワクアクションをコツコツと積み立てていく。それによって、豊かさや幸せの実感が生まれます。投資の公式と一つ違うのは、幸せ資産の運用の場合は「ほったらかし投資」は厳禁ということ。ワクワクアクションの行動の蓄積なしに勝手に幸せ資産が増えることはありませんので、注意してくださいね。

5年後のワクワクのためにすべきこと

　有形資産・無形資産の考え方は、実は有名な「マズローの欲求5段階説」にも共通します（p.50）。

　欲求の5段階を示す三角形の下から2段（物質的欲求）が有形資産、その上に乗っている3段（精神的欲求）が豊かさ・幸せという無形資産といえます。

　無形資産・有形資産を増やすために、これから何をすればいいのか。「人生ワクワクプログラム」では、今自分が持っている無形資産、有形

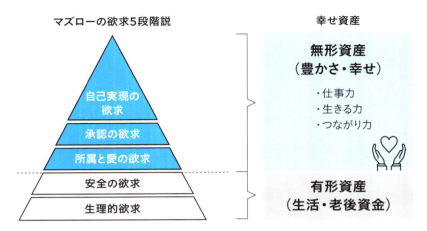

資産の主観的満足度を測定し、5年後にどれだけ増やしたいかの目標も設定します。5年後の未来のために自分の「有形・無形資産」の棚卸しをし、「ありたい姿」を目指して今日から何をすればいいかを明らかにしていきます。具体的な進め方はCHAPTER3から説明いたしますね。右の表は「人生ワクワクプログラム」実践編③で完成する「5年後の未来のための『有形・無形資産』の棚卸し」の記入例です。

人生後半の計画は周りとの良い関係を考えながら

「幸せ資産」を増やすことは何歳からでも遅くはありません。定年直前、定年後、さらには仕事を完全に引退したあとでも大丈夫です。何歳からでも幸せなワクワク人生は創れます。

　ただ、できれば40代から始めることを私はおすすめしたいのです。なぜならば、繰り返しになりますが、頭も身体も柔軟なうちに始めるほうが可能性は広がるからです。

　定年までの十数年間、モヤモヤの気持ちを抱えながら仕事に追われ、心身をすり減らしてしまっては、定年後の生きるエネルギーが枯渇してしまいます。

5年後の未来のための「有形・無形資産」の棚卸し

記入例

主観的満足度：5 非常に満足　4 かなり満足　3 満足　2 少し満足
1 満足を感じない　0 該当なし

無形資産	現在		5年後
仕事力	資産内容・状態	満足度 （5段階）	満足度 （5段階）
スキル・キャリア（得意）	コミュニケーション　個別相談　アドバイス	3	4
技術（専門技能）	ファイナンシャルプランニング技能	2	4
知識	働き方　お金　健康等のセカンドライフ全般	3	4
資格	FP　セカンドキャリアアドバイザー　健康管理士	3	4
評判・人脈	仕事仲間（社内外）	3	3
その他	複業	1	3
計		15	22
生きる力	資産内容・状態	満足度 （5段階）	満足度 （5段階）
心身の健康	健康診断問題なし　仕事の働きがいあり	3	5
夫婦・家族関係	夫婦2人の生活スタイル構築　夫婦仲（信頼）子供独立	3	4
友人関係	学生時代（同級生　部活）　会社同期	4	4
感動体験	庭の手入れ　映画鑑賞　社交ダンス	3	4
社会貢献	ボランティア会員　自治会	1	4
その他		0	0
計		14	21
つながり力	資産内容・状態	満足度 （5段階）	満足度 （5段階）
多様な人的ネットワーク	○○協会会員　社内ワーキングFP協会　他	3	5
フォロワー	インスタ　LINE公式　Facebook　note フォロワー	2	4
信頼	紹介を頼める　紹介される	3	4
自己理解・自己開示	自己分析（価値観他　自己理解）オープンマインド	4	5
変化対応・挑戦	新しいことへの挑戦意欲　変化への柔軟性	3	4
その他		0	0
計		15	22
無形資産計		44	65
有形資産	資産内容・状態	満足度 （5段階）	満足度 （5段階）
預貯金 （普通・定期）	A銀行に普通預金 B銀行に定期預金（生活費一部取崩）	1	3
投資商品 （投資信託・株・債券等）	投資信託（NISA　iDeCo　積立て開始3年　運用順調）	3	4
生命保険 （死亡・医療・個人年金）	子供独立のため死亡保険は保障額減額	4	4
不動産 （土地・家・マンション）	持ち家木造築27年 数年後にリフォームが必要	3	5
マイカー	購入から7年経過（走行5万キロ）次の車検までに買替検討	3	4
その他		0	0
計		14	20
資産計		58	85

「60歳からの人生が楽しい」ことを実感するには、60歳までにどのくらい定年後の準備をしてきたかがモノを言います。

会社での立場や肩書だけにこだわっていては充実した人生は叶えられません。これからの時代は個々人で何をしたいのか、何ができるのかが重要です。特に定年後は痛感します。

同時に、「自分のこと」だけでは自分勝手となってしまい周りとの良好な関係性はつくれません。近江商人の言葉に「三方よし」という考えがありますが、個人の幸せが会社にも社会にも貢献する生き方こそ、私が描くワクワク人生です。

CHAPTER3から、ポーラ幸せ研究所の「人生ワクワクプログラム」のワークを実践していただきます。セミナー経験者からは次のような感想をいただいています。

「どう生きたいかを考えることは大切だと気づいた」（70代女性）

「5年前より今が楽しい。5年後さらに無形資産の満足度を上げたいと思った」（70代女性）

「年齢を重ねてもまだチャレンジできることに気づいた」（60代女性）

「具体的に行動を決めることでポジティブになれることに気づいた」（60代男性）

「時間を切って計画し実行しないと、何もやらずにダラダラ生きてしまうタイプなので棚卸表は役に立つと思った」（50代男性）

CHAPTER

3

「人生ワクワクプログラム」実践編❶

「仕事力」「生きる力」「つながり力」の現状を知る

ここからいよいよ幸せ資産を増やす「人生ワクワクプログラム」の
実践編です。

「人生後半の行動戦略」を立てる際に大事なことは、生き方を自分
で決めること、そして生き方に関わる全ての行動に「ワクワクを注入
すること」だとCHAPTER2で書きました。
　「人生ワクワクプログラム」はあなたがこれからの人生で何に生き
がいや働きがいを求めているのか、あなたの「WILL」(「〜したい」「〜
でありたい」)を見出し、その目的に向かって今日からすべき行動を
明らかにすることがゴールとなります。言い換えると、「人生の後半戦、
どのような生き方をしたいのか」をあなた自身の言葉で表し、自分
ごとにするワークです。

　プログラム1「生きがいの発見」、プログラム2「お金の安心の発見」
を経て、プログラム3「5年後の未来の見える化」を通して、あなたの
「WILL」(「〜したい」「〜でありたい」)を見出し、それを実現するため
のアクションを明らかにしていきましょう。プログラム1では「仕事力」
「生きる力」「つながり力」の現状を把握し、「WILL」(「〜したい」「〜で
ありたい」)を見出していきます。

　なお「人生ワクワクプログラム」は実際に私がモヤモヤしていた時
期に体験したいくつかのワークや書籍を参考にさせていただきながら、

「人生ワクワクプログラム」でやること

セカンドキャリアアドバイザーの資格取得時に学んだ知見と私のアイディアを組み合わせたオリジナルです。参考にした書籍のリストは本書の最後に紹介させていただきます。

生きがいの発見① 私の「仕事力」を知る

`仕事力` `生きる力` `つながり力`

早速、プログラム１「生きがいの発見」からスタートです。まず、自分の「仕事力」を知るワークを行っていきます。「仕事力」は幸せ資産を構成する「無形資産」の重要な要素です。

幸せ資産を増やす好循環は、①「現状把握」→②「5年後のありたい姿」を見出す→③「計画」(5年後のためのアクションの見える化)→④実行の順に進めていくことでしたね。まずは仕事力の現状把握から始めていきましょう。

STEP1 キャリアの棚卸しで自分の「得意」を見出す

仕事力の現状把握のために最初にすることは、あなたの「得意」に気づくことです。そのために役立つのが、あなた自身のキャリアの棚卸しをするワークです。

キャリアの棚卸しというと、勤務先の人事面談で書かされる「業務経歴」などを連想するかもしれません。

上司や人事担当者の指示で仕方なく、「何に使うの？ 今忙しいのに」などと思いながら適当に記入した記憶がある方もいるのではないでしょうか。それでは「気づき」につながりません。ある40代社員が「転職エージェントに登録するための職務経歴書なら、細かく書くのも苦にならないのですが」と本音を言っていました。自分のためになると思えるなら真剣に取り組むということですね。ぜひ転職のため

仕事力のWORK1

「キャリアの棚卸表」をつくる

記入してみよう！

① （年／月〜年／月） 部署名・職務内容	② 担当した仕事・業務 ※具体的な内容を記載	③ 成果や成功体験 ※組織に貢献できたこと・うれしかったこと	④ 習得した知識・技術・経験・資格 ※他人に伝えることができる

記入例

① （年／月〜年／月） 部署名・職務内容	② 担当した仕事・業務 ※具体的な内容を記載	③ 成果や成功体験 ※組織に貢献できたこと・うれしかったこと	④ 習得した知識・技術・経験・資格 ※他人に伝えることができる
1990年1月〜 1993年12月 新規事業　会員制 フィットネスクラブ	・会員制フィットネスクラブの企画立案 ・運営・営業・接客	・フィットネスプログラム導入にあたり市場を視察し体験 ・個人・法人会員獲得	・新規事業計画・実行 ・接客スキル ・営業スキル
1994年1月〜 2005年12月 A地区 営業リーダー	・店舗オーナー 販売スタッフ教育 ・売上業績管理	・ビジネスパートナーと関係性を構築することができ、成長をサポートすることがうれしかった	・研修インストラクタースキル ・営業サポート力
2006年1月〜 2008年12月 営業マネジメント PJリーダー	・営業マネジャー・スタッフへのマネジメント教育	・リーダーマネジメントスキルを全国のマネジャー・販売スタッフに浸透させることができた	・社外のインストーラー認定取得 ・営業マネジメント・コーチングスキル
2009年1月〜 2022年12月 B C地区 営業マネジャー	・売上業績管理・店舗組織拡大 ・店舗オーナー・スタッフ教育	・全国販売コンクール入賞 ・ビジネスパートナーの成長をサポート ・新規オーナーづくりに関われたこと	・営業マネジメント・コーチングスキル ・面接力 コミュニケーション力 ・健康管理士一般指導員（1級）

の自己PRシートを書くつもりでワークに取り組んでみてください。

ワークに使うのは 仕事力のWORK1 「『キャリアの棚卸表』をつくる」(左ページ)です。記入項目とポイントを具体的に説明していきます。実際に記入しながら読んでいただくのがおすすめです。

CHAPTER3のワークの記入シートは以下よりダウンロードできます。https://www.pola.co.jp/special/o/well-being-study/result/04/index.html

①「部署名・職務内容」

所属した部署と肩書を書きます。
記入例:2009年1月〜2022年12月　ＢＣ地区　営業マネジャー

②「担当した仕事・業務」

その時期に担当した仕事・業務を具体的に書きます。
記入例:売上業績管理・店舗組織拡大、店舗オーナー・スタッフ教育

面倒でもよく思い出して具体的に記入することで、役に立つ棚卸しになります。部署を異動することで、異なる体験やスキルを身に付けていることに気づくかもしれません。最近は、リスキリングの一貫として社員の複業をOKとしている会社も増えてきました。そうした経験も記入しましょう。会社の仕事を通して身に付けたスキルや経験が意外と複業のヒントにつながったりすることも分かります。

> ※この本では、複業は複数の仕事をすることでスキルアップや新たな経験を積むことが主目的、副業は別の仕事をして副収入を得ることが主目的としています。私は副収入目的の副業ではなく、キャリアの蓄積となり会社の業務にもプラス効果のある複業をおすすめします。

③「成果や成功体験」

その部署にいた間に組織に貢献できたこと、うれしかったことを書きます。成果や成功体験を書き出すことは、あなたが仕事で何

に喜びを感じるかの自己理解につながります。また、あなたの「得意」を見つけるためのヒントとなる作業でもあります。
記入例：全国販売コンクール入賞、ビジネスパートナーの成長をサポート

　成功体験の一例として、営業現場からサポートセンターに異動したポーラ社員から面談で聞いた話を紹介しましょう。ポーラのサポートセンターは、全国2600店のショップオーナーから本社の営業本部への問合せを受ける窓口で、対応には高い知識とコミュニケーション能力が求められます。その社員は営業現場からの異動で当初は仕事になかなか慣れず、ストレスも感じていたそうです。しかし「『丁寧に教えてくれてありがとう』と感謝されることで、やりがいを感じるようになり、実は自分に向いた仕事だと分かった」と話してくれました。これも成功体験です。

④「習得した知識・技術・経験・資格」
　業務を通じて身に付けたことを具体的に記入します。
記入例：営業マネジメント・コーチングスキル

　自分のスキルを他人に伝えるつもりで客観的に書いてみてください。「特別な技術や資格は持っていない」とおっしゃる方がよくいますが、職場であなたがよく頼まれることを考えてみてください。パワーポイントでプレゼン資料をつくる、会議の進行役を頼まれる、などはあなたが業務を通じて得たスキルであり、社内での異動、複業、転職、独立のときの強みにもなります。

自分の「得意」を３つに絞る

　「キャリアの棚卸表」が完成したら、そこからあなたの「得意」を見出していきます。まずは「キャリアの棚卸表」（p.56）の③「**成果や成**

仕事力のWORK2

私の「得意」を見つける

記入して
みよう！

1.「キャリアの棚卸し表」から得意を5つ以上書き出す → **2.「得意」を人に伝えるという観点で上位3つに絞る**

①上司やチームメンバーから褒められたこと
②よく頼まれたり相談されること
③特別に考えなくても当たり前にできること
④長く業務で行っていること
⑤成果が出たこと

得意	選んだ理由 ①〜⑤を記入		私の「得意」3つ
		→	

記入例

得意	選んだ理由 ①〜⑤を記入		私の「得意」3つ
コミュニケーションスキル	①③④⑤	→	コミュニケーションスキル
コーチングスキル	③④⑤		コーチングスキル
相談対応	②③④⑤		相談対応
インストラクタースキル	④		
マネジメントスキル	④⑤		
面談力	③④⑤		
パワーポイント資料作成	⑤		

CHAPTER 3

功体験」、④「習得した知識・技術・経験・資格」欄に記入した項目から、下記5つにあてはまるものを「私の得意」として5つ以上選び、仕事力のWORK2 「私の『得意』を見つける」(p.59)に書き出します。

私の「得意」選びのPOINT

①上司・チームメンバー・仕事関係者から褒められる(た)こと
②仕事でよく頼まれたり相談されたりすること
③特別に考えなくても(無意識に)当たり前にできること
④長く業務で行っていること
⑤成果が出たこと

　項目ごとに「選んだ理由」を上の番号で記入します。次に「私の『得意』」を3つに絞り込みます。絞り込みは選んだ理由の数などを参考にしてください。選ぶ際に大切なことは、あなたの「得意」が他の人と比べてレベルが高いかどうかは気にしないこと。あなたが得意だと思うかがポイントです。

　実はこのワークをやる際、「私には特別なスキルや経験はないし、得意なこともない」と答える方がとても多いのです。「『キャリアの棚卸表』に記入したのは今の会社では通用しているスキル。社外ではどうか」という声も上がります。ワークではそうした思い込みを無くして記入してください。今の会社で役立つスキルや「得意」は、実は部署や会社が変わっても活用できる汎用性の高い無形資産なのです。

　「得意」は一つだけではありません。ぜひたくさん書いてみてください。例えば話す、教える、書く、計算する、資料をつくる、接客する、営業する、相談に乗る、仲良くなる(コミュニケーションを取る)、計画を立てる、企画する、ウェブを活用する…。日々の仕事の中で多くの人がやっていることは大切なスキルであり、あなたの「得意」になりえます。また、あなたが時間をかけて取り組んだことなら、得意なことなのだと自信を持って大丈夫です。

私自身も以前は「私の『得意』は何だろう、特別なスキルもないし」と思っていました。しかし営業部門に30年在籍していた経験を棚卸ししてみたところ、人と話すことを毎日当たり前に行っていたことや、人と接することが苦にならないことを自覚しました。メンバーの成長支援や業績目標のマネジメントサポート、様々なトラブルの解決などを行い、のべ1万人を超える面談を重ねる中で、コーチングや、コミュニケーションのスキルを身に付けていたことに気づきました。コンサルティング会社認定のインストーラー（マネジメントコーチング）資格も取得していました。

　30～300人規模の研修会で進行役を担当することも多く、人前で話すことにも慣れています。仕事で当たり前のようにやっていたことに「得意」がたくさんありました。CHAPTER1に書いた通り、再雇用で人生初の人事部に配属されたときは驚きましたが、実は会社人生を通してずっと「人と直接関わる仕事」をしてきた私の「得意」は人関係に関するスキルであり、だからこそ定年後の今の仕事にワクワクできているのだと思います。

　STEP1のまとめとして見出したあなたの「得意」3つを書き留めましょう。これは後程使います。

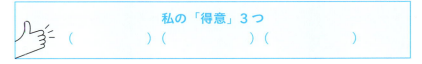

私の「得意」3つ
（　　　　　　）（　　　　　　）（　　　　　　）

STEP2　人生経験の棚卸しで「興味・好き」を見出す

　「仕事力」の現状把握として次に行うのが「興味・好き」の発見です。そのために、ここからは「人生経験の棚卸し」をやっていきます。
　キャリアの棚卸しの目的は仕事での「得意」に気づくことでしたが、「人生経験の棚卸し」の目的は、仕事以外の経験からあなたの「興味・好き」に気づいてもらうことです。

仕事力のWORK3
「人生経験の棚卸表」をつくる

 記入して みよう!

設問	内容	それを活かして誰かの力になれるかもしれないこと
① 人生で時間をかけて取り組んだことや努力したこと		
② 人生でお金をかけて取り組んだ体験や学び		
③ 興味のあるジャンル		
④ 人に教えたくなること		
⑤ 気がつくと時間を忘れて没頭してしまうこと		
⑥ ワクワク（楽しい・感動）した体験		
⑦ 人よりも少しだけ詳しいこと		

 記入例

設問	内容	それを活かして誰かの力になれるかもしれないこと
① 人生で時間をかけて取り組んだことや努力したこと	・軟式テニス　中学〜大学　テニス　社会人	・反復トレーニングとチームワークの重要さ、目標達成のプロセスを伝える
② 人生でお金をかけて取り組んだ体験や学び	・スキー　テニス　社交ダンス教室　トレーニングジム ・複業セミナー受講 ・オーストラリア旅行 ・住宅購入	・スポーツ・ダンスの楽しさを伝えること ・複業の仕方を学びたいと思う人に体験談 ・住宅資金の貯め方
③ 興味のあるジャンル	・幸福学 キャリア お金 ・アクション ヒューマン サクセスストーリーの映画	・幸せ 働き方 お金の情報発信
④ 人に教えたくなること	・セカンドライフの資産形成（新NISAなど）方法	・セカンドライフのためのお金のアドバイス
⑤ 気がつくと時間を忘れて没頭してしまうこと	・シニアの生き方や働き方の情報収集 ・読書 映画鑑賞 ドラマ視聴 ・ジムでのトレーニング	・セカンドライフに関する情報提供 ・エンタメ雑談
⑥ ワクワク（楽しい・感動）した体験	・社交ダンス 旅行 おいしいものを食べる	・家族や友人と楽しい時間を過ごす
⑦ 人よりも少しだけ詳しいこと	・ミドルシニアの働き方やマネー 健康知識	・④、⑤と同じ

習い事や学生時代のクラブ活動、一人旅の経験など社会人になって
からのことだけでなく、幼少期の記憶もさかのぼり、感動したことや
うれしかったこと、夢中になったことを思い出し、仕事力のWORK3
「『人生経験の棚卸表』をつくる」(左ページ)の7つの設問に沿って記
入してみてください。人生経験といっても過去だけでなく、現在経
験していることでも〇Kです。

　同時に、「それを活かして誰かの力になれるかもしれないこと」を
考えて記入してください。

　記入ポイントを説明していきます。できれば実際に手を動かしな
がら読み進めてみてください。

①人生で時間をかけて取り組んだことや努力したこと

　長く時間をかけて取り組んだことは、知識や技術が身に付いただ
けでなく、あなた自身の成長や価値観の構築につながった経験と言
えます。

　例えば子供時代から続けている習い事、趣味、表彰されたこと、
学生時代のクラブ活動で達成したことなどを書き、その経験から誰
かの力になれるかもしれないことを考えてみるのです。

　身に付けたことは身体が覚えています。特に若いときに取り組ん
だことは時間がたっても、案外すぐに再開できるようになるものです。
シニアになって新しいことをイチから身に付けるのは大変ですが、
若いときに夢中になったことを「また始めた」という方は非常に多い
です。

②人生でお金をかけて取り組んだ体験や学び

「時間をかけて取り組んだこと」と重なる項目も多いかもしれません。
異なるのはお金をかけて取り組んだことなので、社会人になってか
らのことが主になります(子供時代の習い事は親がお金を出している
ので、「①人生で時間をかけて取り組んだことや努力したこと」に書

き込みます）。

　この質問のポイントは「お金をかけてまで」という点です。お金を払ってでも得たいと思った何か（あなたをワクワクさせるもの）があったということです。それを人生後半の働き方につなげることができたら、きっと楽しいはず。学びや感動の記憶を思い出してみてください。かつて自分に投資したことを、人生後半のワクワクにもう一度つなげてみましょう。

　例えば「資格を取るために専門学校に通った（オンライン含む）、社会人大学に通った」経験があるなら、その学びがあなたがワクワクすることではないでしょうか。もし、学びの途中で挫折して、「その後、活かされていない」と思っているなら今からでも活用を考えてみるのもいいでしょう。

　お金をかけて取り組んだ体験や学びは「モノを買うこと」や「旅」でも〇Kです。例えば人生の中で一番高い買い物がマイホームなら、住宅購入の中で経験した学びが誰かの役に立つことにつながるかもしれません。

　住宅資金の貯め方、ローンの支払い、物件の選び方などあなたの経験は、これから住宅を購入する予定の方にはとても参考になる情報になりえます。マイホーム購入がきっかけになって宅地建物取引士の資格を取得したり、マンション賃貸の複業を始めた方もいます。

　また私の知り合いには、相続手続きをきっかけにお金に関する知識の重要性を感じ、ファイナンシャルプランナー（FP）資格を取得した方が何人かいます。

　ちなみに私の場合、56歳のとき30数年ぶりに社交ダンスのレッスンを再開しました。人に教えられるレベルではありませんが、健康のためにも続けたい「興味・好きなこと」と言えるかなと思っています。

③ 興味のあるジャンル

　あなたの本棚をよく見てください。特定のジャンルの本や雑誌が

多くありませんか。興味や「好き」の関心が高い分野については、「もっと知りたい」という思いが強く、結果的にその関係の本や雑誌が何冊も並ぶことになります。

映画も興味のあるジャンルや監督の作品は見逃さないよう上映スケジュールを確認したりしていませんか。推しのコンサートや美術展などイベントの情報も同様でしょう。本、映画、イベントなどはあなたの興味や「好き」の傾向が分かるヒントになります。

④ 人に教えたくなること

特定の分野について「よく知っているね」「物知りだね」などと言われたことはありませんか。そしてその豊富な知識を誰かに伝えたい、教えたいと思うことはありませんか。

人に教えたくなるくらい詳しいことは、間違いなくあなたの「興味・好き」なことです。誰かの役に立つかもしれないという観点で、その知識を活用していることも考えながら記入してみてください。複業につながるかもしれません。

⑤ 気がつくと時間を忘れて没頭してしまうこと

趣味でも仕事でも、時間を忘れて没頭してしまうことはあなたの「興味・好き」そのものです。そのようなとき、ワクワクした気持ちになっていませんか。なお、「得意なこと」は時間をかけて身に付けたものが多いですが、「興味・好き」は短期間にのめりこむことも多いです。

⑥ ワクワク（楽しい・感動）した体験

家族や友人と過ごした楽しい時間、心が躍る新しい挑戦、芸術・音楽・スポーツ・自然に感動した体験など、ワクワクしてまたやりたいと思うこと…。それこそがあなたの「興味・好き」です。

⑦ 人よりも少しだけ詳しいこと

知識の点から「興味・好き」に気づくこともできます。

仕事力のWORK4

私の「興味・好き」を見つける

 記入してみよう!

1. 「人生経験の棚卸表」から「興味・好き」を5つ程度書き出す
   ① 時間をかけたこと　② お金をかけたこと
   ③ 興味のあるジャンル　④ 教えたくなること
   ⑤ 夢中になってしまうこと
   ⑥ ワクワクすること
   ⑦ 人より詳しいこと

→ 2. 「興味・好き」を人に伝えるという観点で上位3つに絞る

興味・好き	選んだ理由 ①〜⑦を記入

→

私の「興味・好き」3つ

 記入例

興味・好き	選んだ理由 ①〜⑦を記入
テニス	①②⑥
スキー	①②⑥
幸福学	③④⑤⑥⑦
キャリア	③④⑤⑥⑦
マネーリテラシー	③④⑤⑥⑦
健康	③④⑤⑥
社交ダンス・ジムトレーニング	②⑤⑥

→

私の「興味・好き」3つ
幸福学
キャリア
マネーリテラシー

ある分野に特化した知識をお持ちで、趣味が高じて複業につながったという方はたくさんいます。人より詳しい知識は活用次第で「ビジネス」になると思ってください。あなたが「オタク」と言われるくらいの知識を持っているなら、仕事に活かさないのはもったいないです。

自分の「興味・好き」を3つに絞る

　「人生経験の棚卸表」が完成したら、記入した項目からあなたの「興味・好き」を選び出していきます。下の7項目をヒントに「これがピッタリ」と感じるものを 仕事力のWORK4 「私の『興味・好き』を見つける」(左ページ)に書き出していきましょう。

 私の「興味・好き」選びのPOINT
①**時間をかけたこと**
②**お金をかけたこと**
③**興味のあるジャンル**
④**教えたくなること**
⑤**夢中になってしまうこと**
⑥**ワクワクすること**
⑦**人より詳しいこと**

　あなたの「興味・好き」を5つ程度書き出し、それぞれを「選んだ理由」を上記の7つから選んで記入します。そのうえでさらに3つに絞り込みます。絞り込みは、「人に私の『興味・好き』を伝えるならどれだろう」と考えてみるといいでしょう。
　STEP2のまとめとしてあなたの「興味・好き」3つを書き留めます。

STEP3 社会のニーズを確認する

　STEP1であなたの「得意」、STEP2であなたの「興味・好き」の現状を把握し、それぞれ3つに絞り込みました。このプロセスを通じて、自分のアイデンティティを発見し、人生後半に仕事でやりたいこと、「仕事の『WILL（「～したい」「～でありたい」）』が少しずつ浮かんできた方もいるのではないでしょうか。

　STEP3では、社会のニーズという視点を加えて、これからの人生で取り組みたい仕事をより見える化していきます。

　仕事において「得意」「興味・好き」は大切な原動力になりますが、一人よがりの思いではなく、ビジネスとして社会のニーズがあるのか、現在の社会課題解決に対応しているかの確認はとても重要です。定年後、再雇用で働き続ける場合も、転職や起業・独立する場合も、ニーズがあればこそ働き続け、働きがいを得ることができます。

　書籍『プロティアン　70歳まで働き続ける最強のキャリア資本術』（田中研之輔著／日経BP）では、キャリア自律に必要な要素として、アイデンティティ（自分の内側にあるコアな部分）を知ることに加えて、アダプタビリティ（あなたを取り巻く外的な環境に適応すること）を挙げています。これはつまり、自分軸（内部）と他人軸（外部環境）の二つの視点を持つことが人生後半の仕事力形成のポイントであるということだと私は考えます。

　そこでSTEP3ではあなたのやりたいことが社会のニーズに合うかを探っていきます。その際に大切なのが、社会のニーズを「たくさん稼げそうか」で判断しないことです。

　なぜならば、人生後半の働きがい・働く幸せに大きく影響するのは「たくさん稼げること」より、「その仕事が誰かの役に立つこと」だからです。収入は大切ですが、あくまで結果です。CHAPTER2で紹介した通り、収入を得ることを主目的にした仕事から得られる満足

仕事力のWORK5

「社会課題のテーマワード表」をつくる

記入してみよう!

記入例

働きがい	相対的貧困	性的マイノリティ	地方人口減少	政治不信	人生100年時代
デジタル難民	待機児童	教育格差	コミュニティの希薄化	医療崩壊	健康寿命
働き方の自由化	家庭内労働の不平等	教育の多様化（画一的教育の限界）	孤独人口増	持続可能エネルギー	バリアフリー社会
次世代リーダー育成	スペシャリストの活躍	伝統文化・技術の継承	海洋汚染・海洋プラスティック問題	地球温暖化	自然災害対応
出生率低下	女性活躍	食品ロス	ネットワークインフラの整備	生態系の破壊	水資源問題

出所：アスタミューゼ「ビジネスで解決すべき社会課題105」を参考にポーラ新市場企画PJが作成

CHAPTER 3

感は一時的で、長くは続きません。

人生後半に起業を考えている方ならなおさら、その事業に社会的意義を感じるかは重要です。会社員時代には制約があってできなかったことを起業でチャレンジし、社会課題解決につながるような経験ができれば、大きな働きがいにつながります。

では、自分の「得意」「興味・好き」が社会的意義、社会のニーズに合うかどうかを、どうチェックしていけばいいのでしょうか？「社会課題のテーマワード表をつくる」（上の表）を参考に、今あなたが興味を持っている社会課題をピックアップして「社会課題のテーマワード」候補の一覧表をつくってみましょう。

テーマワードの候補は新聞や雑誌、テレビやウェブのニュース、書店のビジネス書売り場などで最近よく見かける言葉からあなたが

気になるものを30ほどピックアップしていってください。

STEP1、STEP2の自分の「得意」「興味・好き」を絞り込むワークを通して、自分のアイデンティティに向き合ってきたので、気になるテーマワードをピックアップするのはさほど困らないと思います。

記入例はアスタミューゼ「ビジネスで解決すべき社会課題105」を参考にポーラ新市場企画PJが作成した「テーマワード表」です。一つの例として参考にしてください。

「社会課題のテーマワード表」ができたら、以下の観点であなたが特に気になる言葉を5つ程度に絞り込み、 仕事力のWORK6 「取り組みたい『社会課題』を発見する」（右ページ）に記入します。

 社会課題のテーマワード選びのPOINT
① **自分自身の関心度が高い**
② **未来のために解決が重要**
③ **困っている人がいる**
④ **ビジネスチャンスがある（収入につながる）**
⑤ **何となく気になる、その他**

「取り組みたい社会課題」を3つに絞る

それぞれを選んだ理由を上記の番号で書き入れ、「自分が人生後半に取り組みたい」という観点で社会課題のテーマワードを3つに絞り込んでいきます。

STEP3のまとめとして見出した「取り組みたい社会課題」3つを書き留めましょう。

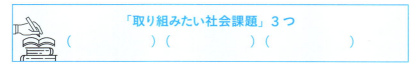

「取り組みたい社会課題」3つ
（　　　　　）（　　　　　）（　　　　　）

仕事力のWORK6

取り組みたい「社会課題」を発見する

記入してみよう!

1.「社会課題のテーマワード表」から5つ程度書き出す

①自分自身の関心度が高い
②未来のために解決が重要
③困っている人がいる
④ビジネスチャンスがある(収入につながる)
⑤何となく気になる、その他

→2. 社会課題のテーマワードを自分が取り組みたいという観点で上位3つに絞る

社会課題テーマ	選んだ理由 ①〜⑤を記入	取り組みたい「社会課題」3つ

記入例

社会課題テーマ	選んだ理由 ①〜⑤を記入	取り組みたい「社会課題」3つ
働きがい	①②③④	働きがい
働き方の自由化	①②③④	健康寿命
バリアフリー社会	①②③④	人生100年時代
健康寿命	①②③④	
孤独人口増	①②③	
コミュニティの希薄化	①②③④	
人生100年時代	①②③④	

STEP4 人生後半の仕事力の「WILL」を発見する

　STEP4では人生後半にあなたが仕事でやりたいこと、目指したい働き方、つまり仕事に関してのあなたの「WILL（「〜したい」「〜でありたい」）」を発見していきます。

　仕事力のWORK7 「ベン図で仕事力の『WILL』を発見する」（右ページ）でSTEP1〜3で明らかになったあなたの「得意（能力）」「興味・好き（情熱）」「取り組みたい社会課題（ニーズ）」から成るベン図をつくりましょう。それぞれの円に各STEPの最後にまとめた3つのキーワードを記入します。それらの要素が重なるのが、あなたの人生後半の「仕事力のWILL」になります。

　例えば記入例（私）の場合、「得意（能力）」は①コミュニケーションスキル②コーチングスキル③相談対応、「興味・好き（情熱）」は①幸福学②キャリア③マネーリテラシー、「社会性（ニーズ）」は①働きがい②健康寿命③人生100年時代でした。

　この3つが重なる部分が、あなたが人生後半に取り組みたい仕事の「WILL」です。記入例では「ミドルシニアの幸せワクワク人生を応援したい」、「元気なミドルシニアを増やすことで社会の発展に貢献したい」などとなりました。

　仕事力の「WILL」はできるだけあなたがワクワクするような表現で、誰かに未来の仕事の夢を伝えるつもりで書いてみてください。定年後の仕事、起業や独立のヒントになるだけでなく、現役時代のリスキリングや複業などのヒントにもなるはずです。例えば、あなた自身が仕事力の「WILL」を明確にし、社内の業務改善や新規企画の提案などを通して、やりたいことを自ら言葉にして社内に発信していけば、会社での働き方が変わっていく可能性があるでしょう。

　STEP4のまとめとして、見出した「私の人生後半の仕事力の

仕事力のWORK7

ベン図で仕事力の「WILL」を発見する

記入してみよう！

社会性（ニーズ）

取り組みたい「社会課題」3つ（p.70）
① (　　　　　)
② (　　　　　)
③ (　　　　　)

得意（能力）　**興味・好き（情熱）**

私の「得意」3つ（p.61)
① (　　　　　)
② (　　　　　)
③ (　　　　　)

私の「興味・好き」3つ（p.67)
① (　　　　　)
② (　　　　　)
③ (　　　　　)

人生後半の仕事力の「WILL」＝得意×興味・好き×社会性

-
-
-

CHAPTER 3

記入例

社会性（ニーズ）

取り組みたい「社会課題」3つ（p.70）
① 働きがい
② 健康寿命
③ 人生100年時代

得意（能力）　**興味・好き（情熱）**

私の「得意」3つ（p.61)
① コミュニケーションスキル
② コーチングスキル
③ 相談対応

私の「興味・好き」3つ（p.67)
① 幸福学
② キャリア
③ マネーリテラシー

人生後半の仕事力の「WILL」＝得意×興味・好き×社会性

- ミドルシニアの幸せワクワク人生を応援したい
- 元気なミドルシニアを増やすことで社会の発展に貢献したい
- ミドルシニア向け 人生100年時代の生き方・働き方・お金の相談対応及びセミナー講演を通して役に立ちたい

『WILL』」を書き留めましょう。

　　　　　　　私の人生後半の仕事力の「WILL」
　　　　（　　　　　　　　　　　　　　　　　　　）

STEP5　今の私の「仕事力」を測定する

　これからやりたい仕事、「WILL（「〜したい」「〜でありたい」）」が明確になりました。では、その目標に向けてこれから何をしていくか。具体的にはCHAPTER5に掲載のプログラム3「5年後の未来の見える化」で明らかにしていきますが、その準備として「仕事力」を知るワークの最後に、あなたの現在の「仕事力」への主観的満足度を測ります。

　これからやりたい仕事を実現するうえで役立つスキルや人脈など、あなたの仕事力の項目ごとに「資産内容・状態」を 仕事力のWORK8 「私の『仕事力』の棚卸表」（右ページ）に記入し、現状の主観的満足度を5段階で評価します。

記入方法を説明していきます。
①「資産内容・状態」
　人生後半にやりたい仕事につながるかどうかを意識して、以下をヒントに記入します。

スキル・キャリア（得意）：STEP1で見出した「得意」など
技術（専門技能）：業務内外で身に付けた専門技能など
知識：STEP2で見出した「興味・好き」や業務の知識など
資格：国家資格、民間資格、社内資格など。人生後半にやりたい仕事に関連した資格を中心に
評判・人脈：仕事関連の「つながり」。ビジネス活用の観点から固有名詞で人脈をリストアップしてもOK

その他：複業経験などがあれば具体的に

②「主観的満足度」を測定

【5】非常に満足　【4】かなり満足　【3】満足　【2】少し満足
【1】満足を感じない　【0】該当なし

「【0】該当なし」はあなたがその項目で資産といえるものを持っていない状態となります。

主観的満足度「5」までのギャップ（差）をどのようにして埋めていくか。この表を使い、本書CHAPTER5で5年後の未来に向けてのアクションを具体化していきますが、まずはここまでで「生きがいの発見①」「私の『仕事力』を知るワーク」が終了しました。お疲れさまでした。ひと休みしたら、続いて「生きる力」を知るワークに進んでいきましょう。

生きがいの発見② ~~仕事力~~ 生きる力 ~~つながり力~~ ｜ 私の「生きる力」を知る

　当たり前のことですが、やりがいのある仕事だけでは幸せとは言えません。人生100年時代におけるマルチステージを生き抜く上で「仕事力」「つながり力」と並んで欠かせない幸せの無形資産である、「生きる力」を知るワークを進めていきましょう。「生きる力」とは心身ともに健康であること、家族や友人と良い関係を築いていること、旅など趣味で味わう感動的な時間があることなどで湧いてくる活力と充実感のことです。

　まずは、あなたが大切にしている「生きる力」の価値観を発見するワークから始めます。価値観とはあなたの生きる目的の方向性を決める羅針盤だと思ってください。あなたが潜在的に持つ価値観を自覚することは、自己理解を深める重要なステップとなり、人生後半の「WILL（「〜したい」「〜でありたい」）」の発見につながります。

STEP1 「生きる力」の価値観と「WILL」を発見する

　生きる力は活力や充実感を得るために有効な「資産」です。具体的には、心身の健康、良好な夫婦・家族関係、友人関係、感動体験、社会貢献などがあります。右ページ下の表に「生きる力に関する価値

幸せ資産のバランスシート

資産	負債
無形資産 ●**仕事力** （成長・学び） ●**生きる力** （気力・充実感） ●**つながり力** （変化・多様性）	**無形負債（リスク）** ●健康・介護リスク ●人的トラブル
	有形負債 ●ローン （住宅・自動車など）
有形資産 ●預金・証券・保険など ●住宅・自動車など	**純資産** **豊かな人生** ＝ **幸せ**

CHAPTER 3

観キーワード」を並べました。人生後半で大切にしたいこと、積極的に時間をかけたいことは何でしょうか？

　あなたが大切にしたい「生きる力」につながる項目が一覧表にない場合は、自由に足して記入してください。

生きる力に関する価値観キーワード

健康	夫婦・家族関係	友人関係
冒険	社会貢献 （ボランティア・寄付など）	感動体験（旅など）
趣味の追求	恋愛	感謝
外見的輝き	夢・情熱	自己肯定感
日常の幸せ	ひとり時間	楽観思考

77

前ページの「価値観キーワード」の中からあなたが特に大切にしたい項目5つを選び、それを選んだ理由を、生きる力のWORK1「大切にしたい『生きる力』の価値感を選ぶ」（下欄）に、記入例を参考に書いてみてください。ここはじっくり考えてくださいね。あなたが普段当たり前に判断、行動していることにあなたが大切にしている価値観が隠れているかもしれません。それを言葉にすることで、あな

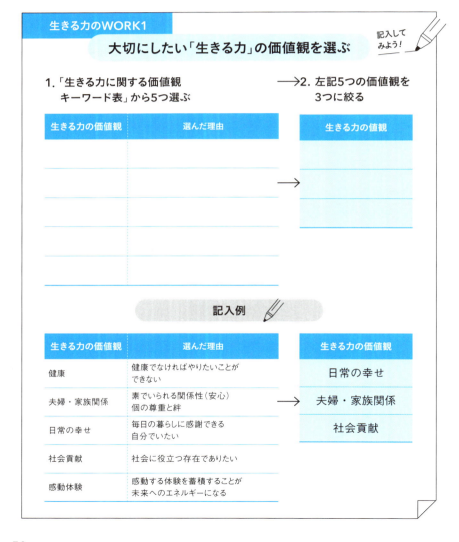

たの中に隠れていた思いが顕在化されます。

　そのうえで5つの価値観をさらに大切な順に3つに絞り込みます。これがあなたの「生きる力の価値観」となります。記入例では日常の幸せ、夫婦・家族関係、社会貢献の3つに絞りました。

　想定通りでしたか、それとも想定していなかった意外な価値観を選びましたか。選んだ価値観に正解、不正解はありません。あなたが選んだ3つの「生きる力の価値観」をもとに、あなたの「生きる力のWILL（「〜したい」「〜でありたい」）」をつくりましょう。人に伝えるつもりで言葉にしてみてください。

私の人生後半の生きる力の「WILL」
（　　　　　　　　　　　　　　　　　　　　　　）

　私の場合は「ワクワク人生を実現し、幸せでありたい」「家族一人ひとりを尊重し、かつ絆を大切にしたい」「誰かの役に立つ存在でありたい」を生きる力の「WILL」としました。

STEP2　今の私の「生きる力」を測定する

　次に現在のあなたの「生きる力」を棚卸しし、それぞれの「資産内容・状態」に対する主観的満足度を測るワークをやります。「資産内容・状態」とは、その項目に関してのあなたの現状です。生きる力のWORK2「『生きる力』の現状の棚卸表」（p.81）を以下のポイントに沿って記入していきます。記入例で具体的に説明してきます。

　①心身の健康：個人のウェルビーイングを構成する重要な資産です。現在の健康や精神状態について、客観的・主観的な状態を記入します。健康診断で気になる数値などがあればここに書き入れます。
　②夫婦・家族関係：「生きる力」を支える重要な資産です。課題とな

っていることや家族構成の変化を記入します。例えば子供が独立し、夫婦二人の関係が課題となっている場合もあるでしょう。

③**友人関係**：友人は人生の様々な局面で「生きる力」を支えてくれます。親しい友人を頭に思い浮かべ、具体的に記入します。

④**感動体験**：自己肯定感を高め、生きる力や豊かな人間関係や思い出を築いていく源になるものです。趣味や旅行のほか、庭いじりなど自然との触れ合いなどもここに含まれます。

⑤**社会貢献**：ボランティアや地域活動、寄付など定期的に行っているものを記入します。

　前野教授は仕事を辞めた後の幸せについて、コンサルティング会社PwCの「全国熱狂実態・幸福度調査2021」をもとに次のように言います。「仕事や勉強は自分が成長することであり、ひいては世の中の役に立ちます。誰かの役に立つことは、特に高齢者にとって幸福度をアップさせる重要な要素です」。趣味など自分の楽しみのための行動に加えて、誰かのための行動（利他）が生きる力、幸せにつながるのです。

⑥**その他**：あなたの「生きる力で大切にしたい価値観」に照らし合わせて、付け加えたものがあれば項目と資産内容・状態を記入します。

　項目ごとの資産内容・状態の記入ができたら、それぞれの現状について、主観的満足度を記入していきます。あなたの描く理想の状態を5として、現時点ではどのくらいの状態なのかを、あなたの主観で回答してください。

【5】非常に満足　【4】かなり満足　【3】満足　【2】少し満足
【1】満足を感じない　【0】該当なし

生きる力のWORK2

「生きる力」の現状の棚卸表

記入して
みよう！

生きる力	❶ 資産内容・状態	❷ 満足度 （5段階）
① 心身の健康		
② 夫婦・家族関係		
③ 友人関係		
④ 感動体験		
⑤ 社会貢献		
⑥ その他		
計		

記入例

生きる力	❶ 資産内容・状態	❷ 満足度 （5段階）
① 心身の健康	健康診断問題なし　仕事の働きがいあり	3
② 夫婦・家族関係	夫婦の信頼関係　子供独立済み	3
③ 友人関係	学生時代（同級生　部活）　会社同期	4
④ 感動体験	庭の手入れ　映画鑑賞　社交ダンス	3
⑤ 社会貢献	ボランティア会員　自治会	1
⑥その他		0
計		14

「5」は「生きる力のWILL」をかなえるために必要な要素がそろっている状態です。「【0】該当なし」はあなたがその項目で資産といえるものを持っていない状態となります。

記入例では「⑤社会貢献」の主観的満足度は1です。まだ模索中の状態だからです。今後、理想の状態（満足度5）までのギャップ（差）をどのようにして埋めていくか。これが5年後に向けて「やるべきこと」を考えるきっかけとなります。詳しくはCHAPTER5のプログラム3「5年後の未来の見える化」で明らかにしていきます。

生きがいの 発見③	私の「つながり力」を知る
仕事力　生きる力　**つながり力**	

　続いて「つながり力」についても同様のワークを進めていきましょう。「つながり力」とは自分と異なる価値観や経験を持った人と出会い、つながることで生まれる、社会の変化を知る力、自分の中の多様性、可能性を広げてくれる力のことです。新しい環境に順応する力と言ったほうが分かりやすいかもしれません。会社と家以外の場所（いわゆる「サードプレイス」、地域活動や勉強会など）に自ら主体的に飛び込むことで「つながり力」が育つと私は考えています。仕事力、生きる力のつながりとは違い、つながりに深さや持続性を強く求めない弱い（ゆるい）関係性であることも特徴です。

STEP1 「つながり力」の価値観と「WILL」を発見する

　まずは「価値観ワーク」でつながり力に関してあなたが大切にしたいことを見出していきます。下の表につながり力に関わる価値観キーワードを並べました。人生後半で大切にしたいこと、積極的に時

つながり力に関する価値観キーワード

多様性	人的ネットワーク	挑戦
信頼	フォロワー	マッチング
変化	自己理解	自己開示
自分らしさ	協調	新しいこと
柔軟	サードプレイス	一人旅

間をかけたいことは何でしょうか？　なお、あなたが大切に思うつながり力に関わる価値観に関わる項目が一覧にない場合、自由に加えてください。

　表の中からあなたが特に大切にしたい項目5つを選び、それを選んだ理由を、つながり力のWORK1「大切にしたい『つながり力』の価値観を選ぶ」（下欄）に記入例を参考に書いてみてください。次に5

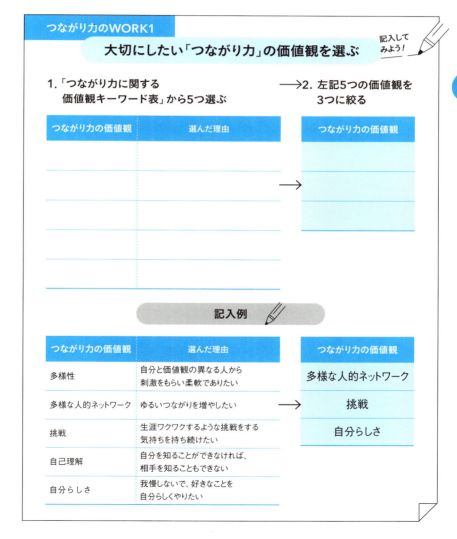

つの価値観の中から特に大切に思う3つに絞り込みます。これがあなたの「つながり力」の価値観です。記入例では多様な人的ネットワーク、挑戦、自分らしさの3つに絞りました。

3つの「つながり力」の価値観をもとに、「つながり力のWILL（「〜したい」「〜でありたい」）」を言葉にしてみてください。つながり力に関わる行動をする際のあなたの指針であり、目標となります。人に伝えるつもりで分かりやすい表現になるよう工夫しましょう。

私の人生後半のつながり力の 「WILL」
(　　　　　　　　　　　　　　　　　　　)

私の場合は、「多様なつながりを増やし、柔軟な思考を持ち続けたい」「生涯ワクワクするような挑戦をする気持ちを持ち続けたい」「好きなことを自分らしくやりたい」などをつながり力のWILLに設定しました。

STEP2　今の私の「つながり力」を測定する

次に現在のあなたの「つながり力」を棚卸しし、それぞれの「資産内容・状態」に対する主観的満足度を測るワークをやります。つながり力は新しいステージへの移行を成功させる資産（意志と能力）です。変わる力、つながる力、挑戦する力と言えます。主な資産項目として、多様な人的ネットワーク、フォロワー、信頼、自己理解・自己開示、変化対応力・挑戦意欲などがあります。 つながり力のWORK2 「『つながり力』の現状棚卸表」（右ページ）に記入していきましょう。

まずは各項目について、あなたが所有する「資産内容・状態」を記入します。記入のポイントを具体的に説明していきます。

①多様な人的ネットワーク：「つながり力」の中で代表的な資産です。会社員であれば、社内外にも多様なネットワークを持つことが生き

つながり力のWORK2

「つながり力」の現状棚卸表

記入してみよう!

つながり力	❶ 資産内容・状態	❷ 満足度（5段階）
①多様な人的ネットワーク		
②フォロワー		
③信頼		
④自己理解・自己開示		
⑤変化対応・挑戦		
⑥その他		
計		

記入例

つながり力	❶ 資産内容・状態	❷ 満足度（5段階）
①多様な人的ネットワーク	〇〇協会会員　社内ワーキングFP協会　他	3
②フォロワー	インスタ　LINE公式　Facebook　note フォロワー	2
③信頼	紹介され、紹介する関係の人がいる	3
④自己理解・自己開示	強み・弱みを深掘り中	4
⑤変化対応・挑戦	新しくオンライン勉強会に参加中	3
⑥その他		0
計		15

方、働き方において重要だと認識されているのではないでしょうか。あなたが所属している組織やネットワークを記入してください。

②**フォロワー**：今の時代、つながりはリアル（対面）だけではありません。SNSやオンラインの活用もつながる手段として有効です。リアルのつながりとSNS・オンラインのつながりをミックスしたハイブリッドなつながりが増えていくと予想されます。オンラインコミュニティやオンラインセミナーに参加して仲間をつくることや、SNSで情報発信してフォロワーを増やすことも「つながり力」と言

えます。よく利用しているSNSの名称や、Facebookの友達の人数やXのフォロワー数を具体的に記入します。

③信頼：「つながり力」における人との関係は「ゆるいつながり」であることが特徴です。家族や友人のように頻繁に会うわけではありません。その中で互いの関係の基本となる信頼がどれだけ築けているかを「人に紹介できる」「紹介される」などで表します。

④自己理解・自己開示：「つながり力」を高めるために重要です。実はゆるいつながりをつくるには、まず自分自身をきちんと理解して人に伝え、知ってもらうことが必要です。コミュニケーションの根本に自己理解・自己開示があります。つながりだけを求めて名刺交換だけの出会いを増やしてもうまくはいきません。

　自己理解・自己開示には、生きがいの発見①「私の『仕事力』を知る」で見出してきたあなたの得意、興味・好き、大切にしている価値感がヒントになります。誰かとつながりをつくりたい、友人になりたいと思うなら、あなたのアイデンティティを隠さずに積極的に開示すること＝自己開示が重要です。

⑤ 変化対応力・挑戦意欲：「つながり力」を築くうえで土台となる資産です。そもそも変化に対応する、挑戦する意識（意欲）を持たなければつながり力を高めようと思わないでしょう。ただし、少しだけ勇気が必要かもしれません。

　項目ごとの資産内容・状態の記入ができたら、それぞれの現状について、主観的満足度を記入していきます。あなたの思い描く理想の状態を5として、現時点の状態を主観で回答してください。
【5】非常に満足　【4】かなり満足　【3】満足　【2】少し満足
【1】満足を感じない　【0】該当なし

「5」は「つながり力」の「WILL」をかなえるために必要な要素がそろっている状態です。「【0】該当なし」は、あなたがその項目で資産といえるものを持っていない状態となります。

記入例（p.85）では現状の「フォロワー」の主観的満足度は2です。これからSNSでの効果的な発信方法を学んでつながりをつくっていこうというところです。理想の状態（5）までのギャップ（差）をどのようにして解決するかが5年後に向けての取組み（行動）となります。詳しくはCHAPTER5で明らかにしていきます。

「老後孤独」が不安なら

セカンドライフの不安の一つである「老後孤独」を解消するうえでも、「つながり力」を高めておくことが幸せ資産づくりの重要なポイントになります。「つながり力」は何も努力せずに自然に高まることはありません。特に男性は年齢を重ねるほど新しい環境に飛び込むことができなくなる傾向があります。「濡れ落ち葉」などと言われないよう、なるべく早くから「つながり力」を意識して行動しましょう。

「つながり力」は自分の仕事などの環境が変わったり、知り合ってはみたが合わないなと感じたりすれば、いつでもつながりを解消できる、ゆるいつながりであることが特徴です。ガチガチの関係性を築こうと思わないで、お互いに必要なときにコミュニケーションが取れるくらいの関係性が精神的にも負担がなく良いのではないかと思います。

ゆるいつながりをつくる場として以下のようなものがあります。

社内コミュニティ、越境留学、社会人大学、地域社会活動、町内会、ボランティアグループ、スタディグループ（自主的勉強会）、趣味のサークルなど

地域、趣味、学び、ボランティアなど共通のテーマがあれば、それだけでつながりをつくれます。私自身、セカンドキャリア、地域社会福祉を学ぶ勉強会や、FPをはじめとする資格のネットワーク、趣味の社交ダンスサークルなど複数のコミュニティや学びの場に参加し、自分とは異なる価値観や経験をお持ちの方と話すことによる学びの多さを実感しています。

つながりが現状を変えてくれる

「つながり力」は人生後半のワクワクの実現に大きな影響を与える無形資産だと私は思っています。

人生後半の働き方を豊かにする「仕事力」、健康や家族とのつながりを増やす「生きる力」が重要な要素であることは誰も疑わないと思いますが、「つながり力」をどこまで重視するかには個人差があるのではないかと考えます。

人は年齢を重ねるほど保守的になり、変化を避ける傾向があると言われます。「新しいつながりなど必要ない」「面倒だ」と考える人もいるのではないでしょうか。仕事があり、健康であれば、「つながり力」を高めるために努力し、自ら進んで変化する必要があるのかと疑問を持っても不思議ではありません。

しかし現状を変化させることに二の足を踏む保守的な生き方は、今の状態・環境が一生続くという前提で成立するものです。

例えば50歳の時点でこれから50年間、世の中の状況が変わらないと自信を持って言える人はいるでしょうか？ 60歳の方も同じく、これから40年間、世の中が変わらないと思いますか？

例えば40年前と今を比較して、何も変わっていませんか？ 「まったく変わっていない」と言える人はいないでしょう。「自分は変わる必要がない」と思っても、世の中はものすごいスピードで変化していきます。

この20年を振り返っても、2007年のiPhoneの登場からスマホが暮らしに浸透し、生活スタイルは大きく変わりました。新型コロナウィルスの感染の拡大をきっかけにここまで急激にリモートワークが進むことを、5年前にどのくらいの方が予想していたでしょうか。

　それに伴い、人とのつながり方、付き合い方が大きく変わりました。個人的にも人生に影響する価値観が変わったという方も多いのではないでしょうか。人生100年時代におけるマルチステージを生き抜くうえで、変化に対応する力である「つながり力」の重要性はますます増していくと言えると思います。

長く続く
幸福を増やす

幸せの**4**つの因子とは

　ポーラ幸せ研究所が40代以上の社員向けに行う「人生ワクワクプログラム」が目指すのは、ウェルビーイング。すなわち、お金やモノ、地位では得られない「長続きする幸せ」を増やすことです。

　ではそのために何が必要なのでしょうか？　ポーラ幸せ研究所のアドバイザーで、幸福学研究の第一人者である前野隆司教授の研究グループが統計分析により導き出したのが「幸せの4つの因子」です。「やってみよう」因子、「ありがとう」因子、「なんとかなる」因子、「ありのままに」因子を満たすことが幸福度を高めます。これは「人生ワクワクプログラム」においても核となる考え方となっています。

1 「やってみよう」因子
自己実現と成長の因子

自己実現と成長の因子。自分の強みを理解し、それを社会で活かす自己実現や成長のために努力できること。

2 「ありがとう」因子
人・社会への感謝を示す因子

人や社会とのつながりと、その絆への感謝を示す因子。自分が誰かを喜ばせる、逆に愛情を受けるなど、利他性や思いやりを持つこと。

3 「なんとかなる」因子
前向きと楽観性の因子

前向きで楽観的であることを示す因子。自己を肯定、受容し、何事も「なんとかなる」と思えるようになること。

4 「ありのままに」因子
独立と自分らしさの因子

独立と自分らしさの因子。他人と自分を過度に比較せず、ありのままの自分らしさを大切にし、受け入れることができること。

CHAPTER

「人生ワクワクプログラム」実践編❷

老後の「お金の安心」を発見する

このCHAPTERでは「人生ワクワクプログラム」のプログラム2「お金の安心の発見」のワークを行っていきます。人生100年時代の幸せに欠かせないのが老後のお金の安心です。一方で、「お金は多ければ多いほど幸せ」ではないことも幸福学で明らかになっています。前野教授は「高齢者がお金を通して幸せになるコツはお金を目的にしないことだ」と言います。つまり、後先考えずにお金を使いすぎるのも、逆に老後が不安だからと節約して貯めるばかりなのも、お金に振り回されていて幸せな状態とはいえないということ。自分のやりたいこと、好きなこと、誰かのためになることを実現するためにお金を使い、かつ老後の経済的不安がないことがワクワクする人生の条件です。

フィンウェル研究所代表の野尻哲史さんは、著書の『60代からの資産「使い切り法」今ある資産の寿命を伸ばす賢い「取り崩し」の技術』（日本経済新聞出版）で、60代以降に大切にしたいのは、満足度の高い生活を送るために今ある資産を有効に使っていくことだと述べています。まさにその通りだと私も思います。そして「満足度の高い生活」とは、CHAPTER3の「生きがいの発見」のワークで見出したあなたの「仕事力」「生きる力」「つながり力」の「WILL」（「〜したい」「〜でありたい」）を実現することに他なりません。お金はそのために必要なものです。

人生後半、生きがいを感じられる仕事で収入を得て「お金の安心」を増やし、そのお金をワクワクすることに使って「生きがい」を増やす。そうした好循環を可能にすることが「お金の安心の発見」ワークのゴールです。定年後にお金の不安から解放され、人生をワクワクと楽しむために知っておきたいお金の知識とノウハウを、私の定年前後の失敗経験から学んだことも含めてお伝えしていきます。

人生 100 年時代にマネーリテラシーは必須

　そもそもセカンドライフの安心にはいくらお金が必要でしょうか？ 60歳以降に必要なお金を整理すると下の図の通り非常にシンプルな式になりますが、60歳以降の「支出」「収入」、60歳時点の「金融資産残高」などの金額が分からない人がほとんどでしょう。だから老後のお金について考えると不安になったり、モヤモヤしたりするのです。

　そこでこのCHAPTERではまず、セカンドライフに必要なお金の基本的な知識をお伝えします。そのうえで60歳以降の「収入を増やす方法」「低リスク運用で資産を増やす方法」「支出を無理なく減らす方法」を紹介していきます。また、あなたの資産の現状が分かる「家計のバランスシート」と、お金の未来が分かる「人生後半のキャッシュフロー表」を作成します。

　日々の支出やこれからの人生で何を実現したいか、老後が何年あ

セカンドライフ（60歳以降）に必要なお金

60歳以降の**支出** ― 60歳以降の**収入** ― 60歳時点の**金融資産額** ＝ 60歳以降に**必要なお金**

93

るかなどは人それぞれですから、老後資金は一概に「いくらあれば大丈夫」とはいえません。一方でほとんどの人に共通していえるのは、貯蓄と退職金と年金収入だけで「老後のお金の安心」を確保するのは難しいということです。人生が教育→仕事→引退の3ステージだった時代、男女とも平均寿命が80歳以下で銀行の定期預金の金利が年5%以上だった40年前のマネープランは、人生100年時代には通用しません。寿命は長くなり、銀行の預金は超低金利が続き、年金の支給水準は下がりました。それにもかかわらず、日本人のお金に対する考え方はそれほど変わっていない印象があります。

　日本銀行調査統計局の「資金循環の日米欧比較」(2023年)によると、家庭の金融資産に占める現金・預金の比率は、アメリカ12.6%、ユーロエリア35.5%に対し、日本は54.2%と最も高くなっています。　逆に株式等と投資信託を合わせた資産の比率は、アメリカが51.3%で最も高く、次いでユーロエリアの31.1%に対し、日本は15.4%です。
　日本では現金・預金が家庭の金融資産の50%以上を占め、株式・投資信託の比率は15%台と、欧米に比べて圧倒的に現金・預貯金重視の資産形成のまま。元本が保証された預貯金だけで資産を増やせた時代からあまり変わっていないのです。これだけ超低金利が続き、預貯金だけでは資産を増やすことは難しいと頭で分かっていても、なかなか考え方を変えられない方も多いと感じます。

　実はそう言う私自身、数年前までは勤務先の持ち株会以外、投資の経験はありませんでした。何となく不安な気持ちから、確実性重視で貯蓄中心の資産形成を行っていました。その結果、資産はほとんど増えませんでした。定期預金に200万円を10年預けて利息は5000円くらいです。「たられば」を言っても仕方ありませんが、もし同じ金額を投資信託で運用していたら、100万円前後の運用益が出ていたかもしれません。
　現在の50〜60代には私のような人が多いのではないかと思います。

私は昨年ファイナンシャルプランナー（AFP）の資格を取りましたが、10年前にその知識があったならと思います。「絶対にもうかる投資」がないことも含めて、基本的なマネーリテラシーは、人生100年時代に欠かせないと考えます。

政府も国民の金融リテラシー向上に向けて政策支援を行っています。2022年4月からは高校の家庭科の授業で、投資信託を含む基本的な金融商品や資産形成の解説を含む金融経済教育が始まりました。また2024年からは新NISA（少額投資非課税制度）がスタートし、iDeCo（個人型確定拠出年金）の制度拡充を含め、運用による資産形成が私たちの人生、生活に欠かせない時代になってきたと強く感じます。お金について学ばないとそうした変化から取り残されることにもなりかねません。

感動と学びにお金を使おう

ファイナンシャルプランナーで社会保険労務士の井戸美枝さんの著書『一般論はもういいので、私の老後のお金「答え」をください！増補改訂版』（日経BP）には「老後のお金の不安から自由になる」ポイントが書かれています。第一に、月々のお金の出入りを知ること。給与明細を見て使える金額（手取り）を把握し、短期間でも家計簿をつけて月々の支出を明らかにすることが大切といいます。第二に、できるだけ長く働いて収入を得ること。月10万円の収入でも5年間では600万円になります。第三に、受け取る公的年金の見込み額を知ること。公的年金は人生後半の収入の土台です。受け取り方の工夫で年金額を増やす方法もあります。第四に、貯蓄に加えて資産運用について学び、お金を増やしながら使う工夫をすること。まさに老後のお金の「答え」だと思います。「人生ワクワクプログラム」の「お金の安心の発見」ワークも基本的にこの考え方で進めていきます。

「長生きリスク」などという言葉がありますが、お金の不安が人生をネガティブなものにしてしまったらもったいないです。一方で十分

な資産がありながら、「何となく不安だから」と使い残してしまう人生も寂しいと思いませんか。運用の基本が分かれば、人生後半も資産を増やしながらワクワクすることにお金を使うことが可能になります。

　ポーラ幸せ研究所の「人生ワクワクプログラム」の受講者には30〜40代の社員もいます。ミドル世代には、住宅ローン、教育資金などで将来のお金への不安を持つ方が多くいます。もしかしたらシニア以上に切実かもしれません。だからといって、家族との思い出となる楽しい時間（食事、旅行など）への投資を惜しまないでほしいと私は思います。それらは単なる「レジャー費」ではありません。年を経た後、家族の貴重な思い出という「無形資産」への投資であったことが分かります。それはあなた自身の感動体験として「生きる力」にプラスとなるのです。

　子供の成長段階で、そのときにしか体験できないことがあります。「後から」と思ってもその時間は戻ってはきません。支出の引き締めは家計の他の項目で工夫して、ぜひ家族との思い出づくりにはお金を使うことをおすすめします。これは子供が小さかった頃に単身赴任生活が15年続き、仕事優先で家族との楽しい時間をあまりつくらなかった私自身の反省からのアドバイスです。

　同時にキャリア蓄積の真っただ中にいるミドル世代には学びへの自己投資も惜しまないことをおすすめします。会社の業務以外での学びは、人生後半のキャリアの選択肢を豊かにしてくれます。これも定年直前になってFP資格を取得した私自身の経験からのアドバイスです。

　お金に関しても生き方や働き方と同様、人それぞれの考えがあり、「こうでなければいけない」という絶対の正解はありません。あなたが、ご自分の人生をどうしたいかを主体的に考えることが大切です。お金はあくまで幸せになるための道具です。CHAPTER3で見出したあなたの「生きる力」の「WILL（「〜したい」「〜でありたい」）」の実現

のために、お金をどのように使うかを考えましょう。

お金の安心の発見① 3つの方法で定年後の収入を増やす

　ここからは定年後の「収入を増やす」「低リスクな運用で資産を増やす」「支出を無理なく減らす」ワークを進めていきます。その前提として人生後半のお金の基本を理解していきましょう。

　定年後の資産（セカンドライフ資金）は、「就労収入」+「年金収入」+「資産運用収入」の3つの要素から成ります。つまりこの3つの収入を増やせば、老後の資産が増えるということです。

定年後の資金（セカンドライフ資金）の3つの要素

55歳以降の収入変化モデル図

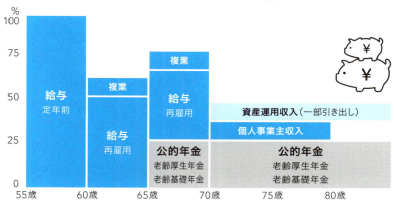

会社員の人生後半の収入の変化をイメージしやすいように、「55歳以降の収入変化モデル図」をつくってみました。会社員の給与は前述（令和5年厚生労働省調査）の通り、平均的には40代〜55歳までは上昇し、ピークは50〜59歳となります。その後、定年、再雇用などにより60歳以降は減少していきます。会社で雇用される働き方は、ほとんどの方は70歳まででしょう。

　モデル図では、60歳定年後、再雇用後の給与は65歳までは定年前の5割程度、65〜70歳は定年前の4割程度としました。60歳以降の複業は、収入はわずかでも将来を見据えて取り組むイメージで加えています。何歳まで働き続けたいかは人によって考え方が異なると思いますが、「人生ワクワクプログラム」では、定年後再雇用または転職・独立などで70歳までは働き続ける想定でライフプランを立てることを提案しています。70歳以降も個人事業主（フリーランス）として仕事を続ける選択もありえます。正直、大きな収入はあてにできませんが、自分がワクワクすることで働くことは「生きがい」を高めてくれますし、健康寿命を伸ばす効果が期待できると思います。年金は受給開始年齢である65歳から受け取る想定にしました。

　定年後の収入の推移でポイントとなるのは、60歳で定年退職してから65歳で年金受給が開始するまでの5年間です。再雇用で働き続ける場合、給与収入は定年前の半分くらいになってしまう人もいます。一方で、会社員として働き続けていると支出は定年前とさほど変わりません（私自身の実感でもあります）。そのため、家計の収支が赤字となり、何らかの形で補填が必要になるケースが多いのです。実はセカンドライフにおいて、この5年間がキャッシュフローという点で、家計が一番厳しい時期かもしれません。

　この間の家計の収支の赤字はiDeCo（個人型確定拠出年金）や企業型確定拠出年金（DC）などの企業年金で補填することも考えられます。

また、貯蓄や退職金など金融資産の一部を取り崩して生活資金にあてる場合もあります。

　フィンウェル研究所代表の野尻哲史氏は60代の都市生活者を対象に継続的に大規模なアンケート調査「60代6000人の声」を行っていますが、2024年2月に実施した調査では60代の7割が「家計のために資産の取り崩しを行っているか、取り崩しを意識している」という結果が出ています。また年金未受給で取り崩しをしている人の35%が年金受給のタイミングまで資産の取り崩しをする計画だと答えているそうです。*

　例えば、家計の1カ月の不足額が5万円でも、60代前半の5年間で合計すれば300万円が不足することになりますし、1カ月の不足額が10万円なら5年で600万円と赤字額はかなりになります。その部分を貯蓄や金融資産、退職金、個人年金などから補填する必要があります（共働き世帯で、配偶者が定年前の年齢の方は配偶者の収入が見込めるのであまり心配ないかもしれません）。

　実は私自身は60代前半の資金準備で少々失敗をしてしまいました。30歳で生命保険会社の個人年金保険に加入した際、保険料の払い込み期間を64歳まで、受取りを65歳からとしてしまったのです。今、60代前半になってみると、個人年金の保険金を60歳から受け取れていたら家計が楽だったのにと思います。保険を契約した30歳のときには、60歳定年後の収入ダウンのことは現実的にイメージできていませんでした。これから定年を迎える方は、定年退職後、年金受給開始までの家計の資金繰りはしっかり準備することをおすすめします。

収入を増やす方法 1 　長く働き続ける

　それでは定年後の収入を増やす方法を具体的に考えていきましょう。

*出所：日経電子版2024年5月3日「人生100年こわくない」

まずは就労収入です（本業、複業全て含めます）。「何歳まで働くか」はセカンドライフの収入増を大きく左右します。現状では、定年後は再雇用で働き、65歳でのリタイアを考えている方が多いと思います。「もうこの辺でゆっくりしたいな」と考えたくなる気持ち、理解できます。私の周りでも「何歳まで働く予定ですか？」と尋ねると「65歳かな」と返答される方は多いです。しかし、深掘りして聞いていくと明確な理由がない方も案外多いのです。

　まずはあなたの勤務先では何歳まで働けるのかと、再雇用後の年収水準を人事・総務担当者に確認しましょう。定年前と同じ会社で長く働き続けることは一番ハードルの低い収入増の方策です。再雇用は65歳までという会社が多いですが、70歳まで延長する会社も増えつつあります。再雇用後の年収と再雇用期間で得られる収入を試算したうえで、何歳まで働くのかを今一度検討してみましょう。
　仮に年収200万円として65歳で完全に仕事を辞めてしまうのと、70歳まで再雇用で働き続けるのでは5年間で単純に1000万円の違いが出ます。資産運用で1000万円を5年間でつくるには約820万円の元手が必要です（想定運用利回り年4％で試算した場合）。
　「収入のために働き続けるのでは人生ワクワクしないのではないか？」とおっしゃる方もいるかもしれません。そう考えるのは今、仕事へのモチベーションが下がっていて働き続けたくないと感じているからかもしれません。その場合、まずは現在の自分の働き方を見直してみてはどうでしょうか。ポイントは「誰かの役に立つ働き方」ができているかどうかです。
　CHAPTER3の「仕事力」の「WILL」の発見で「人生後半にどんな仕事をしたいか」を考えました。それを今の職場でできないか考えてみてはどうでしょうか。例えば「誰かの役に立つ」という視点で新しいやりがいを主体的に見つけていくことも可能なはずです。仕事を楽しくするのは会社ではなくあなた自身。あなたがどうしたいかが出発点になります。シニアこそキャリア自律が大切です。

会社の再雇用規定で65歳が上限の方や、そもそも定年後はやりたいことがあり、今の会社にとどまるつもりはないという方もいるでしょう。転職、起業、フリーランスとして独立するなど、環境が変わっても健康なうちは長く働き続けることを前提に考えてみましょう。

収入を増やす方法 2　働きながら年金を受け取る

　収入を増やす2つ目の方法は、働き続けながら年金を受給することです。65歳からは年金の受給が始まります。「年金受給後は働くと年金額がカットされて損だよ」と先輩から言われた方もいるのではないでしょうか。しかし、年金制度は5年ごとに改正がありますから、生年月日によって違いがあります。

　働きながら年金を受給する場合、老齢厚生年金の一部または全部が支給停止される制度を「在職老齢年金」といいます。しかしその基準が今、どんどん緩和されています。

働きながら年金を受け取ると支給額はどれだけ減る？

❶ 総報酬月額相当額 ＝ (その月の標準報酬月額 ＋ その月以前1年間の標準賞与額の合計) ÷ 12

❷ 基本月額 ＝ 加給年金を除いた老齢厚生年金

❶ ＋ ❷ ≦ 50万円 …… 年金全額支給

❶ ＋ ❷ ≧ 50万円 …… 年金減額

支給停止額 ＝ (❶ ＋ ❷ － 50万円※) × 1/2

※令和6年度

このI/2調整額が支給停止

❶ 総報酬月額相当額
❷ 基本月額（老齢厚生年金）

50万円

2020年以前は、65歳未満で老齢厚生年金月額と総報酬月額の合計が28万円を超えた場合、年金の一部が支給停止されました。年金と給与の合計で月28万円ですから、かなり厳しい基準ですよね。先輩はこの時代の話をしていたのかもしれません。

2020年に65歳未満も65歳以上と同じ仕組みに変更されました。2024年の4月からは月50万円です。さらに2024年7月に発表された年金財政検証では、「在職老齢年金制度は働くシニアの意欲をそぐ」として制度自体を撤廃する意見が出ています。現状でも、実際に支給停止になっている人の割合は17%に過ぎません(出所:厚生労働省「年金制度の仕組みと考え方」)。つまり8割以上の方は年金を減額されず、全額支給されているということです。

人手不足の中、国はシニアが働くことを推奨しています。年金制度はこれからも変わっていきますので、最新情報をチェックして思い込みで損をしないようにしましょう。

収入を増やす方法 3 年金の受け取り開始を遅らせる

65歳以降も働き続けることは年金の受給額を増やすことにつながります。一つ目は「繰り下げ受給」です。年金の支給開始は65歳ですが、受け取る側は60歳から75歳までの15年の間でいつでも好きな時期に受け取り始めることができます。受給開始を65歳より遅らせることを繰り下げ受給といい、1カ月ごとに0.7%ずつ支給額が増えます。働き続けて給与収入があれば、年金受給を遅らせて、その分、支給額を増やすことができます。最大70歳まで繰り下げると42%の増額となります。これは大きな収入増です。

二つ目は「在職定時改定」という制度です。これは65歳以降も厚生年金に加入して働くことで毎年年金額を増やすことができるものです(厚生年金の加入上限は70歳まで)。厚生労働省の試算では、月20万円の給料で65歳以降も働くと、年に1万3000円程度ずつ年金額が増えます。

お金の安心の発見②

低リスク運用で資産を増やす

　定年まで働き続けても公的年金だけで老後の支出をまかなうことは厳しい世帯が大半です。いずれは就労収入を得ることが難しい年齢になることに備え、金融資産の運用で収入を得る仕組みをつくっておきましょう。

　下の図は一つの試算例です。新NISAのつみたて投資枠を使って月に5万5000円ずつ20年間積み立て投資を続けるとして、想定利回り年3％で試算した場合、20年後には元本1320万円に対して約480万円の運用益が見込めます。元本と運用益を合計すると約1800万円となります。例えば50歳から70歳まで積み立て投資を続け、70歳からは約1800万円で運用を続けながら、毎月7万5000円ずつ引き出しをした場合、およそ100歳で使い切る計算になります。

　同じ1800万円を運用せずに月7万5000円ずつ引き出した場合は90歳で残高がゼロとなってしまいます。あくまでも試算上ですが、同じ額を引き出しても、運用しながらの引き出しかそうでないかで、お金の「寿命」に約10年の差が生じるのです。運用しながらお金を引

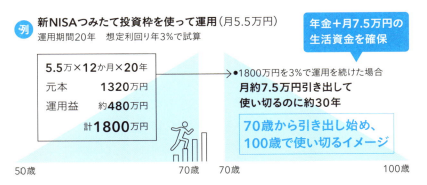

20年間の積み立て投資の成果の試算

き出すことで「資産寿命」が伸びたのです。

　想定利回り3%は、私たちの年金を運用する年金積立金管理運用独立行政法人（GPIF）の2001〜2022年度の名目の運用利回り年3.6%を参考に設定しました。投資によるリターン（期待利率）は預貯金の金利と違って確定ではありませんし、元本保証もありません。短期的には大きな値下がりもありえます。ただ、20年という長期で見れば、どの程度、資産寿命を伸ばす効果が期待できるかはデータで出ています。

　言うまでもなく、何も勉強せずに投資を始めるのは危険です。投資に人任せは禁物です。もしこの本を読んで「投資を始めてみよう」と思われたら、ぜひお金と投資の基本について書いてある入門書を最低2〜3冊くらい読むことをおすすめします。

ミドルシニアも新NISAやiDeCoを

　人生100年時代、年金と預貯金だけでゆとりある生活ができる人は限られます。人生後半の「お金の安心」の発見には、資産運用の基礎知識は必須だと思います。ポーラ社内での「人生ワクワクプログラム」でも、社員から最も質問が多いのが資産運用の基本です。

　資産運用は自己責任が前提です。繰り返しになりますが、あなた自身で基本的な勉強が必要です。決して他人任せにしないでください。そのうえで、初めて投資をされる方には、投資信託をおすすめします。投資信託はたくさんの投資家から資金を集め、運用会社が株式や債券などで運用する商品です。少額から購入でき、必要に応じて売買できることも利点です。

　日経平均株価など、市場全体の指標に連動した値動きを目指す「インデックスファンド」と呼ばれる投資信託は、個別の株よりも値動きが穏やかです。中でも国内外の株や債券など多様な商品に分散投資するインデックスファンドは、1つの投資先が不調でも他の投資先で

補うことで、ある程度のリスクを下げる効果が期待できます。

「人生ワクワクプログラム」の「お金の安心の発見」ワークのゴールは、人生後半をワクワクと生きるためのマネープランニングです。そのために適した運用の鉄則は長期・分散・積み立て投資です。

国内外の株や債券に分散投資する投資信託を使って、毎月決まった額でコツコツと長期に積み立て投資を続けます。市場が大きく下落すれば投資信託の価格も下がる可能性がありますが、口数を多く買えるタイミングです。そうした場面でも淡々と積み立てを続けると、市場の上昇時には大きなリターンを得ることができます。「ドルコスト平均法」といいます。

私自身もたくさんの書籍を読み、ファイナンシャルプランナーの資格を取得するために勉強し、また多少の失敗経験もしながら学びを重ねました。知らなかったお金の知識が身に付くのはうれしいものですよ。ぜひその学びの過程も楽しんでください。

長期の積み立て資産運用の成果に大きな影響を与えるのが、運用のコストや税金を抑えることです。その点で活用したいのが新NISAとiDeCoです。特に投資が初めての方はこの2つの制度の範囲内で運用を行えば十分だと思います。

セミナーでよく聞かれる「新NISAとiDeCoの違い」を簡単に表にまとめました。

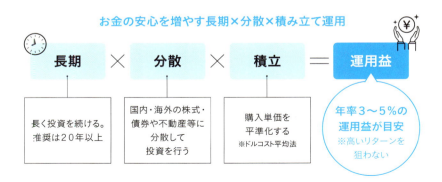

新NISAとiDeCoの違い

	新NISA 少額投資非課税制度	iDeCo 個人型確定拠出年金
特徴	①投資初心者向け ②**自由にお金を引き出せる** ③口座開設が比較的簡単	①**原則60歳以降でないとお金を引き出せない** ②加入手続きがやや複雑
メリット	①運用益が非課税	①**掛け金が全額所得控除の対象** ②**運用益が非課税** ③退職所得控除、公的年金等控除の対象
違い	①利用できる年齢：18歳以上 ②運用を続けられる期間：**無限** ③年間の投資金額上限： 　つみたて投資枠120万円 　成長投資枠240万円	①利用できる年齢：20歳以上65歳未満。会社員や公務員として厚生年金に加入している場合のみ。国民年金の方は60歳までの加入 ②運用を続けられる期間：**75歳になるまで** ③年間の投資金額上限： 　14万4000〜81万6000円 　（勤務先の制度や加入する年金により異なる）

　NISAもiDeCoも非課税のメリットがあることが一番の魅力です。通常、運用で得た利益にかかる約20％の税金がどちらも非課税となります。iDeCoはさらに、掛け金（積み立て額）分が全額所得控除の対象になる税制メリットがあります。運用を続けられる期間やお金を引き出せる時期の制限がないのは新NISAです。

　特に2024年1月からスタートした新NISAは制度が恒久化され、非課税投資枠が1800万円に拡大するなど、人生100年時代の資産づくりとして、活用しないのはもったいない制度です。

　積み立て投資は15〜20年以上続けることを前提に考えてください。資産運用をする、しないは個人の判断で決めることですが、やるなら時間という最大の武器を活用できるメリットを考えて50歳くらいまでにはスタートできているのが望ましいです。

　そう書きながら私自身はNISAを始めたのが60歳、iDeCoは61歳でした。なぜなら私が50歳だった10年以上前は、NISAもiDeCoも

現在ほど制度が整っておらず、魅力を感じなかったのです。その後、ここまで「進化」するとは思っていませんでした。人生100年時代に向けて、国が個人の資産形成を本気で支援するという方針が制度に反映されていると感じます。もっと早く始めればよかったという私自身の反省もお伝えしておきます。

お金の安心の発見③ | 支出を無理なく減らす

手取り収入が激減する定年1年目

　ここまで「収入を増やす」「資産運用でお金を増やす」を説明してきました。人生後半の「お金の安心」のためにこの2つと並んで重要なのが、家計の支出を減らすことです。何度も繰り返していますが、「人生ワクワクプログラム」では人生後半もワクワクと働き続けることで収入を得る期間を長くし、そのお金を「生きがい」の「WILL」（「〜したい」「〜でありたい」）の実現のために使って人生のワクワクをさらに増やすという好循環を目指しています。

　とはいえ働き続ける場合も定年を機に収入は減りますから、家計の引き締めを検討することも必要です。特に定年後の再雇用1年目は、収入が減る半面で住民税は前年の所得に対してかかるため、社会保険料と所得税を引いた後の手取りの少なさに驚く人が多いようです（私もそうでした）。人生後半のワクワクのためには、無駄な支出を削る家計の見直しも大切です。

　例えば生命保険の見直しは大きな効果があります。家族の生活保障のために死亡保険金の出る終身保険に加入している人は多いと思います。子供が独立したらそのまま放置せず、保険金額を減額して支払う保険料を減らしたり、解約したりすることを考えてみましょう。

　医療保険についても日本には「高額療養費制度」があり、1カ月の

医療費が上限額を超えると超えた分を支給し、医療費の負担が重くならないようになっています。上限額は年齢や収入によって異なりますが、年収400万円程度なら負担する医療費の上限額は月約9万円です（世帯全体）。家族構成、収入の変化に合わせて保険内容の見直しを考えてみてください。家計支出に占める割合が大きい通信費はスマホのキャリアやプランの見直しをするなど、「固定費」の削減は面倒ですが一度やればその効果はずっと続きます。

家計というパンドラの箱を見える化する

　ここからはワークを通して家計の現状を明らかにしていきます。現状の家計が黒字か赤字か。資産と負債のバランスは。現状が分からなければ対策も分からず、モヤモヤ・不安は解消できません。「年間収支表」と「家計のバランスシート」を記入して、家計というパンドラの箱を開けてみましょう。きっと最後に希望を見出せるはずです。

　なお、ここからのWORKで使用する表も以下のURLよりダウンロードできます。https://www.pola.co.jp/special/o/well-being-study/result/04/index.html

STEP1　年間の手取り収入を知る

　年間収支表をつくって世帯の年間収入と支出額を見える化します。年間収入から年間支出を差し引けば、家計が赤字か黒字か分かります。まずは お金の安心発見WORK1 「年間の収入を書き出そう」（右ページ）で世帯の手取り収入を見える化しましょう。記入のポイントを説明していきます。

　ご夫婦の場合、あなた本人と配偶者をそれぞれ別に記入します。金額は手取り額（可処分所得）で記入しましょう。会社員の場合、給与額－（社会保険料＋所得税＋住民税）＝手取り収入となります。各

　月の社会保険料と課税額(所得税・住民税)は給与明細で分かりますし、賞与額(手取り)を加えた年間の手取り収入は、源泉徴収票に記載されている支払い金額から、源泉徴収額、社会保険料、さらに給与明紙に記載の1カ月の住民税×12カ月分を引くことで算出できます。

　ただ、そこまで正確にやらなくてもよいかと思います。私自身は、額面の給与のざっと75％を手取り収入として試算をしています(夫婦二人暮らし)。この割合は家族構成によって多少変わりますが、概算で額面の7〜8割を手取り収入の目安にしてみてはどうでしょうか。

お金の安心発見WORK2
年間の支出を書き出そう

支出項目	内容	毎月の支出①	年に数回の支出②	年間の支出 ①×12+②
基本生活費	食費、水道光熱費、通信費など	万円	万円	万円
住居関連費	住宅ローン、管理費、固定資産税など	万円	万円	万円
車両費	駐車場代、ガソリン代、自動車税など	万円	万円	万円
教育費	学校教育費、塾代、習い事の費用など	万円	万円	万円
保険料	家族全員の保険料	万円	万円	万円
医療・介護費	公的医療・介護保険 自己負担分　保険外診療費	万円	万円	万円
無形資産投資その他の支出	無形資産投資（学び・健康・交際費・体験・寄付・会費など）、冠婚葬祭費 他	万円	万円	万円

年間の支出合計　　　万円　**B**

記入例

支出項目	内容	毎月の支出①	年に数回の支出②	年間の支出 ①×12+②
基本生活費	食費、水道光熱費、通信費など	20 万円	0 万円	240 万円
住居関連費	住宅ローン、管理費、固定資産税など	0 万円	15 万円	15 万円
車両費	駐車場代、ガソリン代、自動車税など	1 万円	18 万円	30 万円
教育費	学校教育費、塾代、習い事の費用など	0 万円	0 万円	0 万円
保険料	家族全員の保険料	1.5 万円	4 万円	22 万円
医療・介護費	公的医療・介護保険 自己負担分　保険外診療費	0 万円	2 万円	2 万円
無形資産投資その他の支出	無形資産投資（学び・健康・交際費・体験・寄付・会費など）、冠婚葬祭費 他	5 万円	20 万円	80 万円

年間の支出合計　　　389 万円　**B**

STEP2 年間の支出を知る

　次は支出の把握です。お金の安心発見WORK2「年間の支出を書き出そう」（左ページ）で1年間の支出を明らかにしましょう。支出項目ごとに毎月の支出と年に数回の支出を分けて算出し、合計を年間支出とします。以下は項目ごとの記入のポイントです。

■**基本生活費**：食費、水道光熱費、通信費、日用雑貨費など
■**住居関連費**：住宅ローン返済額、マンションの管理費など。持ち家か賃貸かで項目が変わります。固定資産税、火災保険料は「年に数回の支出」欄に記入します
■**車両費**：駐車場代、ガソリン代など。自動車税、自動車保険料は「年に数回の支出」欄に記入します
■**教育費**：子供の授業料・塾代など。自分と配偶者の学び直し費用は「無形資産投資・その他の支出」に記入します
■**保険料**：民間の保険会社に払う保険料。生命保険（死亡・医療・介護等）と一部の損害保険（火災保険、自動車保険以外）を記入します
■**医療・介護費**：医療費、介護費用（自己負担分）を記入します
■**無形資産投資・その他の支出**：自分と配偶者の学び直し費用、健康促進費、交際費、体験（思い出づくり）に使うお金、寄付など人生をワクワクさせてくれる「無形資産への投資」はここに記入します

STEP3 年間の収支を知る

　WORK1で算出した「年間の手取り収入合計」Ⓐ（p.109の表）からWORK2で明らかになった「年間の支出合計」Ⓑ（左ページの表）を引いた額がプラスであれば黒字、マイナスであれば赤字です。記入例では年間の手取り収入合計が444.1万円、年間の支出合計が389万円でしたから、黒字という結果になりました。

「人生ワクワクプログラム」では、人生後半を充実させるために「無形資産」を増やす投資を提案しています。支出項目では、「無形資産投資・その他の支出」(健康促進・交際費・思い出づくりにつながる体験・寄付など)がそれに当てはまります。これらにどれだけお金を使えているかはぜひ意識してみてください。

もちろん豊かさ・幸せにつながる支出ならいくら使っても良いかというとそういうわけではありません。お金の有効活用(投資)と浪費・無駄使いの違いはあなた自身の中に基準を設けることが必要です。お金を使うことであなた自身の成長や健康促進につながる、大切な方との関係性が深まる、感動的な体験で思い出が残るなどの成果が期待できるかどうか。お金を使っても記憶に残らない、時間の浪費だったと感じるなら無駄な支出です。

具体的な目安として、個人的には手取り収入の2割前後くらいが継続的な「無形資産」への投資額と考えています。例えば年間の手取り収入が300万円の場合、2割だと年間60万円(月5万円)となります。金融資産と同様に自分という資産にも毎月コツコツと積み立て投資を続けることで、大きなリターン(ワクワク)につながると私は考えます。

お金の安心の発見④ | 我が家の「純資産額」を出す

家計を会社の財務に例えるならば、支出入が赤字か黒字かを把握する「年間収支表」はいわばPL(損益計算書)です。一方、家計の資産の把握にはBS(バランスシート/貸借対照表)の手法を取り入れた「家計のバランスシート」を使いましょう。 お金の安心発見WORK3 「家計のバランスシートで純資産額を出す」(右ページ)の記入のポイントを説明します。

なお家計のバランスシートはある時点での資産の状況を表すものですので、月末や年末など同時期の全ての資産の残高を記入します。

お金の安心発見WORK3

家計のバランスシートで純資産額を出す

記入して みよう！

資　産	
普通預金	万円
定期預金	万円
保険（現時点の解約返戻金額）	万円
株式・債券	万円
投資信託	万円
住宅（現時点の市場価格）	万円
自動車（現時点の売却査定額）	万円
退職金（今退職したら支給される金額）	万円
その他	万円

負　債	
住宅ローン	万円
自動車ローン	万円
教育ローン	万円
その他	万円

負債合計 Ⓑ　　　万円

資産合計 Ⓐ　　　万円

資産合計 Ⓐ　ー　負債合計 Ⓑ　＝　純資産　　　万円

 記入例

資　産	
普通預金	100 万円
定期預金	1000 万円
保険（現時点の解約返戻金額）	600 万円
株式・債券	0 万円
投資信託	400 万円
住宅（現時点の市場価格）	1900 万円
自動車（売却価格）	0 万円
退職金（今退職したら支給される金額）	0 万円
その他	0 万円

負　債	
住宅ローン	0 万円
自動車ローン	0 万円
教育ローン	0 万円
その他	0 万円

負債合計 Ⓑ　　0 万円

資産合計 Ⓐ　　4000 万円

資産合計 Ⓐ　ー　負債合計 Ⓑ　＝　純資産　　4000 万円

【資産】

■**普通預金・定期預金**：その時点の残高を記入

■**保険**：終身保険・養老保険・個人年金保険など保険金が受け取れるもの（掛け捨ての保険は記入しない）。額はその時点で解約した場合の解約返戻金額を記入

■**株式・債券・投資信託**：その時点の評価額を記入

■**住宅・自動車**：現在の売却市場価格を記入（ネットで検索した目安の額でもOK）

■**退職金**：今（定年前に）退職した場合に支給される金額を記入

■**資産合計**：上記の合計額

【負債】

■**住宅ローンなど**：その時点の残高を記入

■**負債合計**：上記の合計額

【純資産額】

「資産合計」ー「負債合計」＝「純資産」

　資産と負債の状況を把握しておくことはセカンドライフ資金を考えるうえで大切なことです。純資産額はいわば「家計の底力」。定期的に資産状況の変化を把握するために、年末や年初など年に1回同じ時期にバランスシートを作成することをおすすめします。

お金の
安心の発見
⑤

100歳までの収支を試算する

　長丁場ですがもうひと頑張り。ここからが一番大切なところです。現在から100歳までのお金の収支の見通しを試算します。ここまでのワークで明らかになった年間の収入・支出、資産の額を使います。

　このCHAPTERの冒頭で右ページの式をお伝えしました。生涯の収支額を試算することでセカンドライフに必要な金額（＝60歳以降に

セカンドライフ（60歳以降）に必要なお金

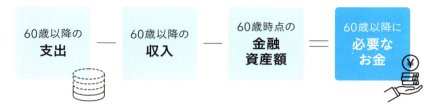

必要なお金）が見えてきます。そのためにつくるのがキャッシュフロー表です。キャッシュフロー表は生涯のお金の収支の見通しを示すもので、あなたが予定している人生後半の働き方、現在の家計収支、資産額で100歳までお金に困らないかどうかが明らかになります。

キャッシュフロー表の記入方法は後ほど具体的に説明しますが（p.121）、記入例が次ページに掲載した お金の安心発見WORK4 「100歳までのキャッシュフロー表をつくる」です。「これをつくるのにとても無理」と思った人もいるかもしれませんが、表計算ソフトを使い（ひな型のURLはp.121）、これまでのワークで明らかになった数字を使えばさほど大変ではありません。どうしても難しそう、時間の余裕がないなどの場合はファイナンシャルプランナーに依頼する方法もあります。

「安心老後」と「老後破綻」

キャッシュフローの作成をすすめるのは100歳までのお金の未来が分かるからです。人生後半をお金の不安なくワクワクと生きるために家計などの改善が必要かどうかを判断する材料になります。

例えば、夫50歳、妻45歳、高校生と中学生の子供2人の家族のキャッシュフロー表をつくり、夫が100歳になるまでの資産残高の推移をチェックしたところ、仕事・家計・運用の設定次第で、100歳時の資産額に大きな差がつくことが分かりました。4つのケースを紹介していきます。

お金の安心発見WORK4　家族ごとのライフイベントや収入・支出を書き出して

記入例（CASE1の場合）

年	変動率	2024	2025	2026	2027	2028	2029	2030	2031	2032	2033	2034	2035	2036	2037	2038	2039	2040
経過年数		現在	1年後	2年後	3年後	4年後	5年後	6年後	7年後	8年後	9年後	10年後	11年後	12年後	13年後	14年後	15年後	16年後
（夫）の年齢		50	51	52	53	54	55	56	57	58	59	60	61	62	63	64	65	66
（妻）の年齢		45	46	47	48	49	50	51	52	53	54	55	56	57	58	59	60	61
（長男）の年齢		17	18	19	20	21	22	23	24	25	26	27	28	29	30	31	32	33
（長女）の年齢		13	14	15	16	17	18	19	20	21	22	23	24	25	26	27	28	29
ライフイベント		長女中学入学		長男大学入学	長女高校入学		外壁塗装	長女大学入学					車買替		長男結婚		リフォーム	長女結婚
（夫）の収入		600	610	620	630	640	650	650	650	650	650	600	300	300	300	300	300	
（妻）の収入		200	200	200	200	200	200	190	190	190	190	190	150	150	150	150	150	
（夫）公的年金																	150	
（妻）公的年金																		
私的年金																		
一時的な収入												1500						
収入合計（A）		800	810	820	830	840	850	840	840	840	840	2290	450	450	450	450	450	150
基本生活費		240	240	240	240	240	240	240	240	240	240	240	240	240	240	240	240	240
住居関連費		190	190	190	190	190	190	190	190	190	190	190	15	15	15	15	15	15
車両費		30	30	30	30	30	30	30	30	30	30	30	30	30	30	30	30	30
教育費		120	120	350	270	270	270	300	200	200	200							
保険料		22	22	22	22	22	22	22	22	22	22	22	22	22	22	22	22	22
医療・介護費		2	2	2	2	2	2	2	2	2	2	2	2	2	2	2	2	2
無形資産投資その他の支出		90	90	90	90	90	90	90	90	90	90	90	80	80	80	80	80	80
一時的な支出							100						300		100		500	100
積立投資等																		
支出合計（B）		694	694	924	844	844	944	874	774	774	774	574	689	389	489	389	889	489
年間収支（A−B）		106	116	-104	-14	-4	-94	-34	66	66	66	1716	-239	61	-39	61	-439	-339
貯蓄残高	0.00	700	816	712	698	694	600	566	632	698	764	2480	2241	2302	2263	2324	1885	1546

116

100歳までのキャッシュフロー表をつくる

※CASE1（65歳引退・資産運用なし）の場合。
収入は可処分所得

2041	2042	2043	2044	2045	2046	2047	2048	2049	2050	2066	2067	2068	2069	2070	2071	2072	2073	2074
17年後	18年後	19年後	20年後	21年後	22年後	23年後	24年後	25年後	26年後	42年後	43年後	44年後	45年後	46年後	47年後	48年後	49年後	50年後
67	68	69	70	71	72	73	74	75	76	92	93	94	95	96	97	98	99	100
62	63	64	65	66	67	68	69	70	71	87	88	89	90	91	92	93	94	95
34	35	36	37	38	39	40	41	42	43	59	60	61	62	63	64	65	66	67
30	31	32	33	34	35	36	37	38	39	55	56	57	58	59	60	61	62	63
海外旅行				車買替				外壁塗装										
150	150	150	150	150	150	150	150	150	150	150	150	150	150	150	150	150	150	150
				80	80	80	80	80	80	80	80	80	80	80	80	80	80	80
150	150	150	150	230	230	230	230	230	230	230	230	230	230	230	230	230	230	230
240	240	240	240	200	200	200	200	200	200	180	180	180	180	160	160	160	160	160
15	15	15	15	15	15	15	15	15	15	15	15	15	15	15	15	15	15	15
30	30	30	30	30	30	30	30	30	30									
22	22	22	22	22	22	22	22	22	22									
2	2	2	2	30	30	30	30	30	30	45	45	45	45	45	45	45	45	45
80	80	80	80	50	50	50	50	50	42	15	15	15	15	12	12	12	12	12
100				300				100										
489	389	389	389	647	347	347	347	447	339	255	255	255	255	232	232	232	232	232
-339	-239	-239	-239	-417	-117	-117	-117	-217	-109	-25	-25	-25	-25	-2	-2	-2	-2	-2
1207	968	729	490	73	-44	-161	-278	-495	-604	-1502	-1527	-1552	-1577	-1579	-1581	-1583	-1585	-1587

CHAPTER 4

【設定条件（仕事・家計・運用の異なる4つのCASE）】
- CASE1 【リタイア】65歳【家計見直し】なし【資産運用】なし
- CASE2 【リタイア】65歳【家計見直し】あり【資産運用】なし
- CASE3 【リタイア】70歳【家計見直し】あり【資産運用】なし
- CASE4 【リタイア】70歳【家計見直し】なし【資産運用】あり

> CASE1 【リタイア】65歳【家計見直し】なし【資産運用】なし
> ## 60歳で2500万円あっても72歳で老後破綻

　60代前半は再雇用で働き（収入は定年前の50％）、65歳で仕事は完全にリタイア。年間収支のマイナス分は貯蓄を取り崩しながら補填。シミュレーションの結果、夫72歳の年に貯蓄残高はマイナスに転落し、100歳時点の資産はマイナス1587万円となってしまいました。

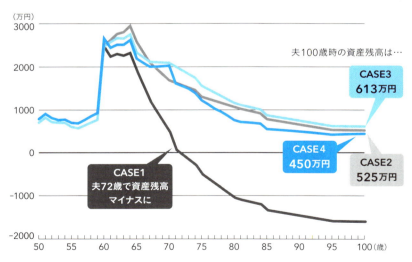

CASE別金融資産残高推移

試算前提（プラン1）【家族構成】夫50歳、妻45歳、長男17歳（高校生）、長女13歳（中学生）【手取り年収】夫：600万〜650万円（60歳まで）　61〜65歳の再雇用期間は300万円　妻：150万〜200万円（60歳まで）【教育】子供2人共に高校まで公立、大学私立文系【家】夫60歳で住宅ローン完済【マイカー】保有【退職金】夫1500万円【夫50歳時の貯蓄残高】700万円【資産運用】していない　※試算にあたり、物価変動率・定期預金金利は考慮しない

POINT

　定年時に貯蓄が2480万円あっても、65歳以降は働かず、家計支出の見直しをしなければ60歳の定年退職から10年ちょっとで「老後破綻」という状況になってしまうというゾッとするようなケースですが、実はありがちなパターンです。私自身も50代後半のときに、65歳で仕事を辞める想定でキャッシュフロー表をつくってみたところ、70代で貯蓄残高0となることが分かり、生き方、働き方、家計の見直しを時間をかけて取り組みました（現在は100歳まで安心のプランを組めています）。

CASE2　【リタイア】65歳【家計見直し】あり【資産運用】なし
家計改善で老後破綻の回避に成功

　65歳でリタイアし、資産運用をしない点はCASE1と同じ。改善ポイントは支出の見直しです。生活を楽しみながら無駄な支出を省く支出削減を想定しました。

　具体的には、60歳定年以降、支出を年50万円削減します。基本生活費を月3万円削減（通信費、電気・ガス料金の契約見直し、外食・洋服代を節約）。生命保険料は契約の見直しで月1万円削減します。

　また、子供の独立後の2035年（61歳）に車を売却。これによって車の購入費用600万円・維持費用600万円で計1200万円の支出が削減となりました。以上の合計でCASE1に比べ、100歳までに2100万円の支出削減ができました。結果的に100歳時点の貯蓄額は525万円のプラスに。「老後破綻」を免れることができました。

POINT

　「人生ワクワクプログラム」で支出削減の際に大切にしていることは、生活の質に直結する費用（食費など）やセカンドライフを充実させる目的の支出は極力削減しないことです。通信費や保険料の削減ならば生活の質にあまり関係しないうえ、毎月必ずかかる固定費なので効果が大きいため、優先的に削減していくことをおすすめします。

私自身、生命保険をネット専業生命保険会社に切り替えることで保険料が月1万円以上削減できた経験があります。

CASE3 【リタイア】70歳【家計見直し】あり【資産運用】なし
70歳まで働く。節約は車の売却のみで黒字化

リタイアを70歳まで延ばして長く働き、マイカーを手放す家計見直しをしたのがCASE3です。65〜70歳の就労収入は年200万円の想定で、70歳までの5年で1000万円の収入増。100歳時点の貯蓄額は613万円の黒字となりました。

POINT

CASE3の良い点は70歳まで働き続けて就労収入を増やした結果、車を売却する以外の支出減が不要となったことです。車のないライフスタイルを楽しむことで新しい発見が生まれたり、無形資産にお金を使ったりと人生にワクワクを増やすプランだと思います。長く働くことは健康寿命にもプラスの効果が期待できます。

CASE4 【リタイア】70歳【家計見直し】なし【資産運用】あり
働き続ける + 運用する効果でやりたいことに投資

家計の見直しは行わず、70歳まで長く働いて就労収入を増やし、収入が増えた分を運用して資産運用収入も増やすプランです。就労収入額はCASE3と同様、65〜70歳で1000万円のプラスとなります。

資産運用は69歳まで月5万円（年間60万円）の積み立て投資を継続します。運用資産の年率の想定利回りは3%です。71歳からは運用資産を取り崩しながら家計支出に充てます。取り崩し額は71〜95歳で月平均約6万円（年間約72万円）、96歳以降も運用を継続する想定です。

POINT

70歳まで働き続けて収入を増やし、資産は運用しながら引き出す

ことで、お金の寿命を延ばしました。家計の見直しはなしで、100歳時点の資産残高は450万円。積立額1200万円（20年）に対し、運用しながら引き出すことで元利合計で総額約2200万円の支出が可能となりました。

4つの事例はあくまで参考ではありますが、「100歳までのキャッシュフロー表」比較で分かった、ワクワク人生のためのお金の見直しのポイントは以下の3つです。

ワクワク人生のためのお金の見直しのポイント

①60歳以降の支出を減らす（生活満足度を下げない工夫をする）

②60歳以降の収入を増やす（長く働く、複業をする、年金の受け取り方を工夫する、資産運用を行う）

③60歳までの貯蓄を増やす（貯蓄と投資をバランスよく行う）

ぜひあなた自身の「100歳までのキャッシュフロー表」を作成して、セカンドライフのお金のモヤモヤ・不安を見える化してみてください。「キャッシュフロー表」のデータは以下よりダウンロードできます。https://www.pola.co.jp/special/o/well-being-study/result/04/index.html

キャッシュフロー表の記入のポイントは以下になります。

■**家族の年齢**：2024年12月末の年齢を記入します

■**ライフイベント**：子供の進学、結婚、海外旅行、車の買い替えなど大型の支出となるイベントを記入します

■**収入と支出**：作成済みの「年間収支表」を参考に記入します。退職金は「一時的な収入」、ライフイベント支出は「一時的な支出」に。公的年金額は厚生労働省の「公的年金シミュレーター」で簡易的な受け取り予想額を調べることができます

■**積立投資等**：積み立て投資をしている場合、その1年の投資額を記入します

■ **貯蓄残高**：現在の資産合計額を記入。毎年、家計収支の黒字・赤字を前年に足して増減させます。投資をしている場合は別途「積立投資累計額」欄を加え、各年の投資額を記入します。

　ポーラ社内の「人生ワクワクプログラム」ではこのワークについて「家計の状況が具体的に把握できた」「収入も支出も見直さないといけないと感じた」「セカンドライフは経済的には何とかなるかなと思った」などいろいろな声が上がりました。

　キャッシュフロー表はお金の安心を発見するためには欠かせないツールです。ぜひ活用してください。また、1回作成したら終わりではなく、年に1回くらい定期的に更新していくことをおすすめします。状況は変わりますので。私も何回もシミュレーションを行い、100歳まで生きる前提でお金の安心を探りました。

　仮に現時点で経済的に余裕がないからと言って、悲観することはありません。CASE1〜4で見てきたように、お金の現状・見通しを知ること（見える化）ができれば、対策はいくらでも考えられます。最終的にどのマネープランがあなたの生き方や働き方に合うのかを考え、お金の安心を発見してください。決めるのはあなたです。

ワクワク人生のためのお金の「WILL」を発見する

　CHAPTER4の最後はお金の「WILL」（「〜したい」「〜でありたい」）の設定と、あなたの「お金の安心力」の現状の棚卸しのワークを行います。お金の「WILL」には、人生後半をワクワクと生きることとお金の安心を両立している未来のあなたの姿を書きます。

私の人生後半のお金の「WILL」
（　　　　　　　　　　　　　　　　　　　　　）

記入例として私の場合を紹介しましょう。

・70歳まで長く働き、70代以降はボランティアで収入にとらわれ
　ず活動している
・家計の無駄を見直し、「仕事力」「生きる力」「つながり力」の充実に
　楽しくお金を使う
・資産運用を続けて資産寿命を伸ばす

今の私の「お金の安心力」を測定する

　あなたの現状の「お金の安心力」の棚卸表をつくりましょう。
CHAPTER3で行ったワークと同じ手順です。次ページの お金の
安心発見WORK5 「私の『お金の安心力』の資産棚卸表」に、現在の
資産内容と状態を記入し、それぞれに対する現在の「主観的満足度」
を書き入れます。棚卸しの目的は、5年後にありたい姿とその実現
のためにすべきことを見出すことです。資産内容・状態はなるべく具
体的に記入することで5年後がイメージしやすくなります。

　記入のポイントは以下の6つです。
①**預貯金**：銀行や郵便局の預金、元本保証の金融資産。記入時点での
　金額も記入します
②**投資商品**：新NISAやiDeCoを利用した運用商品と現在の評価額を
　記入します
③**生命保険（死亡・医療・個人年金）**：死亡時を含めた満期時に保険金が
　出る貯蓄型の保険についてのみ、今解約した場合の解約返戻金額
　と共に記入します
④**不動産（土地・家・マンション）**：現在の評価額を記入します
⑤**マイカー**：車種や現在の評価額を記入します
⑥**その他**：上記からもれた金融資産を記入します

　項目ごとの資産内容・状態の記入ができたら、それぞれの現状につ

お金の安心発見WORK5

私の「お金の安心力」の資産棚卸表

記入して
みよう！

【有形資産】	資産内容・状態	満足度 （5段階）
① 預貯金 （普通預金・定期預金）		
② 投資商品 （投資信託・株式・債券など）		
③ 生命保険 （死亡・医療・個人年金）		
④ 不動産 （土地・家・マンション）		
⑤ マイカー		
⑥ その他		
計		

記入例

【有形資産】	資産内容・状態	満足度 （5段階）
① 預貯金 （普通預金・定期預金）	A銀行に普通預金 B銀行に定期預金（生活費として一部取り崩し）	1
② 投資商品 （投資信託・株式・債券など）	投資信託 （新NISA・iDeCo 積立て開始から3年、運用順調）	3
③ 生命保険 （死亡・医療・個人年金）	子供独立のため死亡保険は保障金額を減額	4
④ 不動産 （土地・家・マンション）	持ち家木造築27年 数年後にリフォームが必要	3
⑤ マイカー	購入から7年経過（走行5万キロ） 次の車検までに買い替え検討	3
⑥ その他		0
計		14

いて、主観的満足度を記入していきます。あなたの思い描く理想の
状態を5として、現時点ではどのくらいの状態なのかを、あなたの
主観で回答してください。満足度は金額の大小ではなく、あなたが
目標とする額や状態を5としたときに現状がいくつになるかを記入
します。

　【5】非常に満足　【4】かなり満足　【3】満足　【2】少し満足
　【1】満足を感じない　【0】該当なし

　「5」はその金融資産に関して目標額を満たしている状態です。「【0】
該当なし」はあなたがその項目で目標としている資産を持っていな
い状態となります。

　記入例は私の場合です。「預貯金」の主観的満足度は1。これは生活
資金の補填のために取り崩している状態で、目標額よりかなり少な
くなっているためです。「投資商品」は新NISAとiDeCoの運用が順
調にいっており、「生命保険」は死亡保険金額を減額したことで保険
料を減らす見直しができたのでそれぞれ主観的満足度が3、4となっ
ています。「不動産」はマイホームが木造築27年の戸建て。そろそろ
リフォームを考える時期かもしれません。「マイカー」は購入から7年
経過、乗り心地や使い勝手には満足していますが、そろそろ買い替
えを検討する時期かもしれません。以上のように、項目と状態を記
入しながら、これからどうしたいかを考えていってください。

　理想の状態である「主観的満足度5」までのギャップをどう解決す
るかが5年後の未来に向けての取組み（行動）となります。続く
CHAPTER5の「5年後の未来の見える化」で、その取組みを明らかに
していきましょう。

CHAPTER

5

「人生ワクワクプログラム」実践編③

未来のために
「やりたいこと」を
見える化する

いよいよ「人生ワクワクプログラム」の総仕上げです。プログラム3「5年後の未来の見える化」として、人生後半にワクワクを増やすための目標設定と、これからやりたいことを明らかにしていきます。

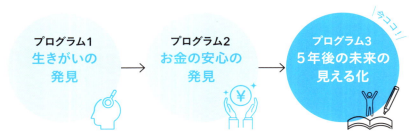

「人生ワクワクプログラム」でやること

　幸せという目には見えないものをファイナンシャルプランナー視点で「見える化」したのが、すでに何度かご紹介した「幸せ資産のバランスシート」（右ページの表）です。無形資産、有形資産の合計から、無形負債、有形負債を除いた分が、純資産＝豊かな人生＝幸せと考え、ここを最大化することを目指しています。

　無形資産とは「仕事力」「生きる力」「つながり力」という人生後半の「生きがい」となる3つの資産のことです。有形資産とは金融資産、不動産など「お金の安心」の土台となるものです。仕事力、生きる力、つながり力はCHAPTER3、お金の安心はCHAPTER4でそれぞれ現状の項目の棚卸しをし、これからどうなりたいかという「WILL」を見出し、現状の主観的満足度を測定しました。

　ここからのワークではCHAPTER3〜4で明らかにしたそれぞれの資産価値（主観的満足度）の5年後のゴールを設定します。そしてゴールの実現に向けて、具体的に何を、どのように実行していくかの計画（「ワクワクアクションプラン」）をつくっていきます。なお、このCHAPTERのワークシートも以下よりダウンロードできます。https://www.pola.co.jp/special/o/well-being-study/result/04/index.html

「幸せ資産のバランスシート」

資産	負債
無形資産 ●**仕事力** （成長・学び） ●**生きる力** （気力・充実感） ●**つながり力** （変化・多様性）	**無形負債（リスク）** ●健康・介護リスク ●人的トラブル **有形負債** ●ローン （住宅・自動車など）
有形資産 ●預金・証券・保険など ●住宅・自動車など	純資産 豊かな人生 ＝ 幸せ ♥

未来の見える化① ｜ # ５年後の「仕事力」を上げる

CHAPTER 5

STEP1 ５年後の主観的満足度を記入する

　早速「仕事力」から始めていきましょう。仕事力は成長・学びに関わる資産でしたね。まずは目標設定です。CHAPTER3で記入した「私の『仕事力』の棚卸表」（p.75）に、「５年後の主観的満足度」を加えた表をつくります（次ページの 未来の仕事力のWORK1 ）。５年後の未来の自分を想像し、その状態に自分がどの程度満足しているかを以下の５段階で点数を加えましょう。

【5】非常に満足　【4】かなり満足　【3】満足　【2】少し満足
【1】満足を感じない　【0】該当なし

　５年後の主観的満足度の想定はとても重要です。ポイントは、現在

129

の満足度よりも意識的に1〜2点、点数を上げること。なぜなら5年後の目標を現在より高くすることは、より良い状態になりたいという挑戦意欲の表れであり、何歳になっても現在より未来を少しでも良くしたいという成長・挑戦意欲を生涯持ち続けることが、人生後半の幸せ、ワクワクを増やすうえでとても重要だからです。幸せは結

具ではなく、実行のプロセスで実感するものだと私は考えています。

　ところが実際のワークでは、5年後の主観的満足度を現在と同じ点数に設定する方が大半で、現状より下げる方もいます。受講者からは「なぜ現状維持ではだめなのですか？」「何も行動しなかったら満足度は下がってしまうでしょうから現状維持が悪いとは思いません」というご意見もいただきます。確かにその通りで、日々高いレベルで目標に取り組む現状を維持するだけでも大変だと思います。

　それでも私が「5年後の満足度は現状より点数を高く設定してください」と強調するのは、受講者の心のどこかに、年齢を重ねることへのネガティブな意識があって現在より5年後が良くなる（ワクワクする）ことをイメージできないのではないかと気になるからです。

　例えば現在50代後半の方の5年後というと、定年退職したり、再雇用されたりという年齢になります。仕事にやりがいを持てていないのではないか、健康面で課題を抱えているのではないか、間もなく年金生活者になるのだからお金を使いすぎてはいけない、などマイナスのことばかり浮かんで、プラスのイメージが描けないのかもしれません。

　そのため、5年後を漠然と想像すると、かなりの確率で主観的満足度が上がらないのだと思います。前野教授によると日本人は「幸せホルモン」と呼ばれるセロトニンという神経伝達物質の分泌が少なくなる遺伝子を持つ人の割合が高く、不安を感じやすいそうです。何か関係があるのかもしれませんね。メディアでも老後不安を煽るような情報を頻繁に目にしますが、実際には日本でも欧州でも50代以降、幸福度は右肩上がりになることが幸福学の調査で明らかになっています。

　通常、「人生ワクワクプログラム」の個人ワークは対面で行いますから、受講者の方が設定した5年後の主観的満足度が低ければ、1on1

でその理由や得意なこと、興味のあることを改めてじっくり聞いていきます。すると、これから自分はどのようなことに取り組んでいきたいのか、そのためには何が足りないのかがだんだんと整理されていきます。

　残念ながらこの本の読者であるあなたとは1on1ができませんので、ぜひ5年後の主観的満足度を現在より1〜2点意識的に上げて作成してほしいのです。「5年後は今より良くなっている」というポジティブな気持ちを意識的に持ってみてください。ネガティブな気持ちで目標設定すると、その後の行動にも差が出てしまいます。5年後の満足度を高めに設定すると、「そのために何をすべきか」を主体的に考えることにつながり、「やってみよう」という挑戦意欲が自然に生まれます。「過去と他人は変えられないが、未来と自分は変えられる」という言葉を聞いたことはないでしょうか？　私自身は5年前の自分を振り返り、この言葉は真実だと実感しています。未来のワクワク人生はあなた自身の手で創れると決心することが大切です。

STEP2　5年後の目標と1年後の行動目標を記入する
〜「ワクワクアクションプランシート」作成〜

　次に5年後に向けての行動をより明確にしていきます。[未来の仕事力WORK2]「『仕事力』のワクワクアクションプランシート」（右ページ）に5年後に目指すゴール（ありたい姿）を書き、そこからバックキャストして1年単位で実行することを具体的に決めていきます。

　具体化するには、本来であれば5W2H（「いつ」「どこで」「誰が」「何を」「なぜ」「どうやって」「どのくらい（量・回数）」）の観点で計画することが必要ですが、そこまでやろうとすると、私も含めほとんどの方が行動する前にイヤになってしまいます。そこで行動を起こすために最低限必要な項目として、「5年後のゴール（ありたい姿）」と「1年後の中間目標（いつまでに何を始めるのか）」を記入するのです。

　「ゴール」（Point❶）に記入するのはあなたがイメージする「ありた

未来の仕事力WORK2

「仕事力」のワクワクアクションプランシート

記入してみよう！

資産項目		1年後	5年後
仕事力	期日	中間目標 （実行内容）	ゴール（ありたい姿） （○○○○○○○○○○）
スキル・キャリア （得意）		**Point❸** 目標に向けて1年目の行動と期日を具体的に記入	**Point❶** 「5年後にどうなっていたいか」を記入
技術 （専門技能）			
知識			
資格			
評判・人脈			**Point❷** 「項目ごとの5年後のゴール」として、5年後の状態をより具体的に記入
その他			

記入例

資産項目		1年後	5年後
仕事力	期日	中間目標 （実行内容）	ゴール（ありたい姿） （「セカンドライフクリエイター」として複業を軌道にのせている）
スキル・キャリア （得意）	25年6月	1.SNSでの定期情報発信を継続する（連続100回投稿） フォロワー対象のオンラインセミナー開催　半期に2回実施	1.SNSフォロワーのコミュニティができている フォロワー向けにセミナー開催、定期情報発信ができている フォロワー向けに支援活動を行っている
技術 （専門技能）	継続	2.FP協会支部の勉強会に継続参加する	
知識	12月末	3.ミドルシニア・若い世代に対し市場分析を行い、生き方・働き方のニーズを深掘りする	2.FPとして相談対応力のレベルアップができている 3.ミドルシニア関連の知識・経験を社内だけでなく社外でも活用できている
資格	25年6月	4.CFP資格試験対策の勉強をするキャリアコンサルタント試験の準備をする	4.CFPとキャリアコンサルタント資格を取得している
評判・人脈	12月末	5.複業の事業計画を作成し、マネタイズを考える	5.セカンドライフクリエイターとして複業が成り立っている 顧客が100名いる（複業収入月10万円）
その他			

い姿」(設定した主観的満足度を感じている状態)、あなたが描く未来です。CHAPTER3で設定した「私の人生後半の仕事力の『WILL』」(p.74)を基に、「できる」「できない」にとらわれずに、「どうなっていたいか」、あなたの理想の5年後をイメージして書いてください。大切なことはそのゴールにワクワクできるかどうかです。ワクワクしないことには挑戦意欲が湧きませんから。

　例えば、私の人生後半の「仕事力の『WILL』」は「『セカンドライフクリエイター』としてシニアの人生にワクワクを増やすこと」でした。そこで「5年後のゴール」は記入例のように「『セカンドライフクリエイター』として複業を軌道にのせている」としました。

「5年後のゴール」の記入ができたら、「項目ごとの5年後のゴール(状態)」をより具体的に書いてきます(**Point❷**)。その際 未来の仕事力 WORK1 の「資産棚卸表」で設定した「5年後の『仕事力』の主観的満足度」(p.130)を参照します。記入例では各「資産内容・状態」の5年後の主観的満足度はおおむね現在の「3」か「4」に上がると設定しました。そう感じるために目指したい具体的な状態を想像します。記入例では「SNSフォロワーのコミュニティができている」「FPとして相談対応力のレベルアップができている」「顧客が100名いる(複業収入月10万円)」などと記入しました。

項目ごとの「5年後のゴール(状態)」を書く際のヒントを列記します。

5年後の仕事力のゴール(状態)記入のヒント

❶学びを深めている:
・読書(専門分野、得意・興味のある分野、リベラルアーツなど)
・社会人大学で学ぶ(ビジネス講座、教養講座など)
・越境学習(普段のコミュニティの枠外での学び)

❷苦手を克服している:
・人工知能(AI)、デジタルトランスフォーメーション(DX)
・英会話力・外国語

❸**リスキリング（学び直し）をしている：**
・資格の勉強の継続、更新
・キャリア開発プランの見直し
❹**複業をスタートしている：**
・複業にできることの項目出し
・複業事業計画
・スキルシェアサイトへの登録

　「項目ごとの5年後のゴール（状態）」の記入がすんだら、それぞれのゴールの実現に向けて「1年後の中間目標（実行内容）」を書いていきます（Point❸）。これがワクワク人生のために明日から1年後までにやりたいことのリストになります。「いつまでに」「何を」「どれだけ」を意識して、なるべく具体的に記入します。

　こちらも記入例を参考にしてください。例えば「スキル・キャリア（得意）」資産については、5年後のゴール「SNSフォロワーのコミュニティができている」に対応して、「1年後の中間目標（実行内容）」は「SNSでの定期情報発信を継続する（連続100回投稿）」とし、期限を「25年6月」としました。「1年後の中間目標（実行内容）」まで記入できたら、仕事力の「ワクワクアクションプランシート」は完成です。

　ワクワクアクションプランシートの作成にあたり、一点、注意していただきたいことがあります。多くの方が仕事で「実行計画書」を作成した経験があるかと思います。もしかするとやらされ感があり、楽しくなかったのではないでしょうか。上司に報告するために義務感で作成したこともあったのではないでしょうか。

　私自身も、実行計画書作成、進捗報告というビジネスの世界では当たり前のマネジメントに上司・部下両方の立場で長年関わってきましたが、正直そうした仕事にワクワク感があったかと聞かれれば、業務を進める上で重要だったからとしか答えられないかもしれません。個人の感情より、目標達成を優先して行動していました。

一方、このワクワクアクションプランシートは、あなた自身の幸せな人生を実現するための計画書です。夢を描くように、文字通りワクワクしながら未来を創造することが目的です。

決して、眉間にシワを寄せてイヤイヤ作成しないでくださいね。あなたが行動を起こすために、やることを忘れないようにするための備忘録くらいに考えて自由に作成してみてください。誰かに報告するためのシートではありませんから。

未来の 見える化 ② ｜ ５年後の 「生きる力」を高める

STEP1 ５年後の主観的満足度を記入する

次に「生きる力」について、「仕事力」と同様の手順でワークを進めていきます。「生きる力」とは心身ともに健康であること、家族や友人といい関係を築いていること、旅など趣味で味わう感動的な時間があることなどで湧いてくる活力と充実感に関わる資産です。生きる力の資産（各項目）を増やす取組みは、人生後半の生きがいに直結します。

CHAPTER3で記入した「『生きる力』の現状の棚卸表」(p.81)に「5年後の主観的満足度」を加えます（右ページの 未来の生きる力の WORK1 ）。5年後の未来の自分を想像して、以下の5段階で主観的満足度を設定しましょう。

【5】非常に満足　【4】かなり満足　【3】満足　【2】少し満足
【1】満足を感じない　【0】該当なし

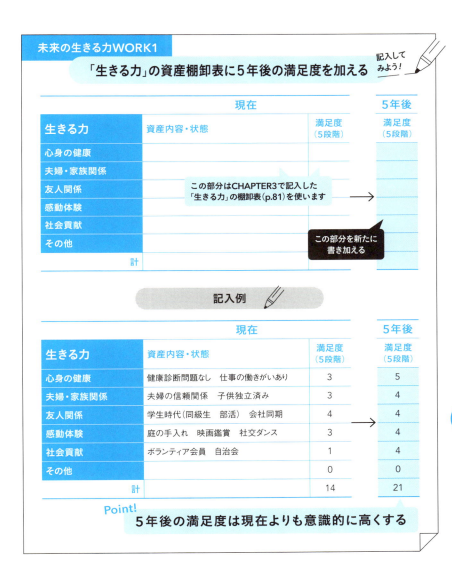

STEP2 5年後の目標と1年後の行動目標を記入する
〜「ワクワクアクションプランシート」作成〜

5年後の主観的満足度を設定したら、次ページの 未来の生きる力の WORK2 「生きる力のワクワクアクションプランシート」の記入に移

未来の生きる力WORK2

生きる力のワクワクアクションプランシート

記入してみよう！

資産項目 生きる力	期日	1年後 中間目標（実行内容）	5年後 ゴール（ありたい姿）（○○○○○○○○○○）
心身の健康		**Point❸** 目標に向けて1年目の行動と期日を具体的に記入	**Point❶** 「5年後にどうなっていたいか」を記入
夫婦・家族関係			
友人関係			
感動体験			
社会貢献			**Point❷** 「項目ごとの5年後のゴール」として、5年後の状態をより具体的に記入
その他			

記入例

資産項目 生きる力	期日	1年後 中間目標（実行内容）	5年後 ゴール（ありたい姿）（家族と仲間を大切にし、誰かの役に立っている）
心身の健康	週1〜2日 都度	1. ジムトレーニング週1日　社交ダンスレッスン参加 2. 妻に言葉で感謝を伝え子供の帰省の際は食事等の時間を大切にする家族の記念日にメッセージを送る	1. ジムでの週2日のトレーニングが習慣化し、体年齢50代を維持　社交ダンスでメンタルのリフレッシュが図られている
夫婦・家族関係			2. 子供が独立し、夫婦2人の生活スタイルが定着している　夫婦・家族の信頼が深まっている　子供のWILLを尊重し、基本見守る姿勢で応援している
友人関係	年1〜2回	3. 学生時代のクラス・サークルメンバーと親睦会開催、SNS 年賀状共有	
感動体験	10月 都度	4. 社交ダンス発表会参加、映画、スポーツ観戦、一人旅（自然）一人の時間も積極的に楽しむ	3. 学生時代の仲間と定期的な交流が継続している 4. 笑う　喜ぶ　感動泣き　ワクワクする　を体現できている　思い出が蓄積され、活力につながっている
社会貢献	都度	5. 地域ボランティア活動参加（通院時運転手移動サービス）町内会自治活動参加、NPO法人プラチナ美容塾イベント参加	5. 社会の一員として、誰かの役に立つ活動を継続的に実施している
その他			

りましょう。最初に「5年後のゴール（ありたい姿）」を具体的に書きます（**Point❶**）。前提になるのがCHAPTER3のワークで設定した「私の人生後半の生きる力の『WILL』」(p.79)です。その「WILL」の実現にワクワクと取り組む5年後の自分の状態を想像してありたい姿を書いてください。

例えば、私の「生きる力の『WILL』」は「ワクワク人生を実現し、幸せでありたい」「家族一人ひとりを尊重し、かつ絆を大切にしたい」「誰かの役に立つ存在でありたい」でした。そこで「5年後のゴール」は「家族と仲間を大切にし、誰かの役に立っている」としました。

「5年後のゴール」の記入ができたら、「項目ごとの5年後のゴール（状態）」をより具体的に書いてきます（**Point❷**）。記入例では、「家族と仲間を大切にし、誰かの役に立っている」ために必要な健康習慣や、家族・友人との良い関係を達成でき、社会の一員として活動をしている未来の私を書いています。例えば心身の健康に関しては「ジムでのトレーニングが習慣化し、体年齢50代を維持」としました。

「生きる力」の「項目ごとの5年後のゴール（状態）」を書く際のヒントを列記します。

5年後の「生きる力」のゴール（状態）記入のヒント

❶誰か（社会）のために働く、人のためにお金を使っている：

他者のために役立つ利他的な行動は、マズローの言う自己実現の欲求、利己も満たし、生きる力を上げてくれます。ボランティア、困っている人の相談に乗る、寄付をする、知人に食事をご馳走することも良いと思います。おごったほうも幸せな気持ちになったという経験はありませんか。

ただし利他的な行動が自己犠牲に基づくものであったら長続きしません。自分が幸せを感じることが大前提です。例えば、ポーラの社員OGたちが活動する認定NPO法人「プラチナ美容塾」ではボランティアで高齢者向けの美容教室を開催していますが、「参加者から『あ

りがとう』と言われることが一番うれしく、生きがいを感じます」と聞きました。

❷自分らしさを大切にしている：

　人と比べないことは自己肯定感を上げてくれます。「好きなことを自分らしく」をベースにワクワクアクションを考えてみてください。

❸健康を促進する行動を続けている：

　ウォーキング、スポーツジムに通うなど。私は健康管理士として、運動・食事・睡眠の生活習慣のお話をすることもありますが、散歩はすぐに取り組める有酸素運動です。その健康効果は医師、脳科学者も含め多くの専門家が認めています。通勤時などになるべく階段を使うなど、すぐにできることもあります。あなたに合ったやり方で無理せず継続して行うことがポイントです。

❹体験型の趣味をしている：

　前野教授の著書『「老年幸福学」研究が教える　60歳から幸せが続く人の共通点』に「絵を見るだけでなく描く、音楽を聴くだけでなく演奏するなど創造的な活動をすることは幸福につながる」とありました。自らプレイヤーとなる体験型の趣味を深めてみるのはどうでしょうか。

❺家族や仲間との楽しい時間を過ごしている：

　食事や旅行など。説明するまでもなく、生きる力につながる行動です。このようなことにお金と時間を使うことは人生を豊かにする投資です。

❻スキンシップの習慣を持っている：

　ポーラ幸せ研究所では「幸せにつながる美容ルーティン5か条」として、毎日のお肌のお手入れを豊かな時間につながる行動と提示しています。男女問わず、手のぬくもり、スキンシップは癒やしに有効です。

❼何かを育てている：

　植物、野菜、動物など生命を育むことは私たちの生きる力を強めてくれます。

❽外見的輝きに喜びを感じている：

外見的輝きはあなたの気力、自己肯定感の向上につながります。人は見た目ではないとも言われますが、何歳になっても輝きを高める行動自体があなた自身の喜びや自信につながると思っています。

長年、ポーラのメークレッスンなどの研修で、年齢を問わず受講者がイキイキと変化する姿をたくさん見てきました。高齢者施設でのメークレッスンでは周りの方が驚くくらい皆さん笑顔と元気が増えていきます。メークやおしゃれは、人にどう見られるかよりキレイになるプロセス自体が活力を上げる行動だと実感しています。

❾感動体験をしている：

自然、スポーツ、音楽や美術など、感動して心がワクワクと動く感動体験を積み重ねることは自己肯定感や活力につながり、生きる力を高めてくれます。

❿いい思い出づくりをしている：

感動体験の積み重ねが思い出づくり（思い出資産）となって、長く続く生きる力となります。思い出づくりは過去を懐かしむための行動ではなく、生きる力を高め、未来を創る行動だと思っています。

シニア世代は、思い出資産が多い人ほどポジティブ思考で幸せだと、ポーラのベテランビジネスパートナー（ポーラショップのオーナーやビューティーディレクター）を見ていて感じます。

70代以上のベテランビジネスパートナーからは、ポーラの仕事仲間と食事会や旅行をした、いい成績を上げて会社から表彰されたという楽しい思い出、経験をたくさん聴かせていただきます。「全国大会に招待され、表彰式で壇上に立ったときの感動は今でもはっきり覚えています。子供が小さく大変な時期だったけど働き続けてよかった。子供も今では立派な父親ですよ」。こう話してくれた方は、「生涯現役」とおっしゃって今もポーラのビューティーディレクターとして活躍されています。仕事を通じて感動体験をたくさん得られ、思い出資産として蓄積していき、生涯現役を目指す気力、生きる力につながっているなと感じます。

⓫恋愛感情を持っている：

恋愛感情は何歳になっても意欲を高め、体も脳も元気にすると医師の和田秀樹さんが著書『老いが怖くなくなる本』（小学館新書）で書かれています。「推し」への感情もこれに含まれます。

「項目ごとの5年後のゴール（状態）」の記入がすんだら、それぞれのゴールの実現に向けて「1年後の中間目標（実行内容）」を書いていきます（ **Point❸** ）。ワクワク人生のために明日から1年後までにやりたいことのリストです。「いつまでに」「何を」「どれだけ」を意識して、なるべく具体的に記入します。こちらも記入例を参考にしてください。例えば心身の健康に関しては「ジムトレーニング週1日、社交ダンスレッスン参加」としています。

「1年後の中間目標（実行内容）」まで記入できたら、生きる力の「ワクワクアクションプランシート」は完成です。

未来の
見える化
③

5年後の
「つながり力」を豊かに

STEP1 5年後の主観的満足度を記入する

「つながり力」は「仕事力」「生きる力」と並ぶ、幸せの「無形資産」のひとつ。自分と異なる価値観や経験を持った人と出会い、つながることで未来への可能性を広げてくれる力です。

まずはCHAPTER3で記入した「『つながり力』の現状棚卸表」（p.85）に、5年後の「主観的満足度」を加えます（右ページの 未来の つながり力のWORK1 ）。5年後の未来の自分を想像して、1～5の5段階で主観的満足度を設定しましょう。前述した理由で、「現在」より「5年後」を1～2点意識的に上げています。

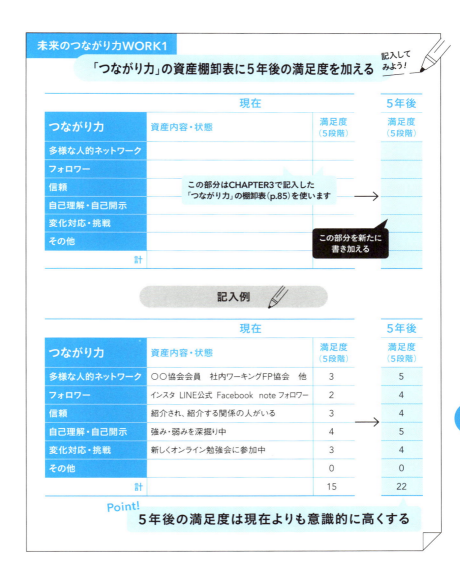

STEP2 5年後の目標と1年後の行動目標を記入する
～「ワクワクアクションプランシート」作成～

　5年後の満足度を設定したら、次ページの 未来のつながり力のWORK2 「つながり力のワクワクアクションプランシート」の記入に移りましょう。

最初に「5年後のゴール（状態）」を具体的に書きます（**Point❶**）。前提になるのがCHAPTER3のワークで設定した「私の人生後半のつながり力の『WILL』」です（p.84）。その「WILL」の実現にワクワクと取り組む5年後の自分の状態を想像して書いてください。

「つながり力の資産」を増やす行動は生きる力と同じく、生きがいを増やすことに直結すると考えます。一方で年齢を重ねるほど、新しい人間関係をつくったり知らないコミュニティに飛び込んだりすることへの心理的ハードルは高くなります。

　私もそうですが長年慣れ親しんだ環境、顔ぶれが安心できるし、楽なのです。社内でも社外でもいつのまにか同じ人としか話をしなくなってしまう現実があります。そうなると思考もより保守的になり、時代の変化にますます対応できなくなってしまいます。

　自分と価値観や年代の異なる人と接することで刺激を受け、アイディアが生まれ、新しいことに挑戦してみようと思えるのです。ポーラで生涯現役を体現されているオーナーやビューティーディレクターは、新しい人との出会いをとても大切にしていることがアンケート調査からも分かりました（アンケート結果は本書のCHAPTER7で紹介します）。

　つながり力の資産を増やすアクションに40代、50代のときから意識的に取り組んでいくことが、人生100年時代のセカンドライフを充実させるポイントになると私は考えています。

　多様な人的ネットワークをつくる行動のポイントをまとめました。アクションづくりのヒントにしてください。あなたから声をかける勇気、新しい環境に飛び込む勇気、新しいことに挑戦する勇気が5年後のあなたをアップデートします。

5年後の「つながり力」のゴール（状態）記入のヒント

❶価値観や年代の異なる人と意識的に出会っている：

未来のつながり力WORK2

つながり力のワクワクアクションプランシート

記入してみよう!

資産項目		1年後	5年後
つながり力	期日	中間目標（実行内容） ※具体的に何をするのか行動を記入	ゴール（ありたい姿） （○○○○○○○○○○）
多様な 人的ネットワーク		**Point❸** 目標に向けて1年目の行動と期日を具体的に記入	**Point❶** 「5年後にどうなっていたいか」を記入
フォロワー			
信頼			
自己理解・ 自己開示			
変化対応・ 挑戦			**Point❷** 「項目ごとの5年後のゴール」として、5年後の状態をより具体的に記入
その他			

記入例

資産項目		1年後	5年後
つながり力	期日	中間目標 （実行内容）	ゴール（ありたい姿） （複数のコミュニティに所属し、ミドルシニアの支援活動が広がっている）
多様な 人的ネットワーク	1〜 2カ月ごと	1.日本○○協会のコンシェルジュ活動に参加 FP支部スタディグループ勉強会参加 NPO法人○○塾活動参加	1.セカンドライフクリエイターとして社内外にネットワークを広げ、ミドルシニアの社会課題解決に取り組んでいる
フォロワー	週1回	2.セカンドライフクリエイターとしてLINE公式 note Facebookに継続して情報発信を行う	2.自身のWebコミュニティ登録者とのつながりが深まり、定期的な情報交換会やセミナーを開催している
信頼	継続	3.社内ワーキングコミュニティ会員応募 LINE公式お友だち紹介PR	3.リアル・オンラインのつながりを通して信頼を積み重ね、自身のコアファンを100人つくれている
自己理解・ 自己開示	半年ごと	4.自己理解分析を定期的に実施	4.自己理解が深まることで、友達の輪が広がっている
変化対応・ 挑戦	12月末	5.○○キャリア 認定ファシリテーターセミナー受講→コミュニティ参加 新たな「趣味の集い」に参加	5.新規ビジネス、新規サークル加入など、新規の出会い、新規の活動を継続的に挑戦している
その他			

自分から勇気を持って普段の人間関係とは違う人たちとコミュニケーションを取ることでいろいろな発見・気づきが生まれます。きっかけとして勉強会やサークル活動などのコミュニティに参加してみることが有効だと思います。お住まいの地域で行われるイベント活動や町内会活動に参加してみるのもいいでしょう。地域に知り合いがいることは老後にも大変心強いものです。

❷NPO法人、社団法人などの勉強会に参加している：

　活動に共感するNPO法人、社団法人などの勉強会に参加し、関心が湧けば会員として登録し、活動をするのもおすすめです。勉強会は参加者から主催側の一員になったほうが楽しいことが多いというのが私の実感です。

❸合わないと思ったら離れる勇気を持っている：

　つながり力で目指すネットワークは家族や友人とは違います。考え方が合わないと思ったり、あなたの状況が変わったりしたらそのネットワークから離れ、別のつながりをつくるのもありです。

❹自己理解を深めている：

　あなたがどんな人かを開示しないと相手はあなたに興味を持ちません。好きなこと、得意なこと、大切にしていること…「人生ワクワクプログラム」のワークで見出した「WILL（「〜したい」「〜でありたい」）」をヒントに人に伝えるつもりで自己理解を深めてください。

❺家庭と職場以外の居場所を持っている：

　家庭でも職場でもない居場所「サードプレイス」は新たな人的ネットワークづくりにも有効です。カフェ、居酒屋、スナックなどの飲食店に加え、スポーツジムや習い事などもあります。

　私は大阪に単身赴任していた時代、帰宅途中にあった飲食店がサードプレイスとなって、店舗オーナーや他の常連客とのつながりができました。普段仕事では出会うことがない方達との会話が楽しかったことを今でも覚えています。

❻新しい挑戦をしている：

　新たな挑戦をすると自然に新しい人と出会い、新しいつながり力

が生まれます。さらに何歳になっても挑戦を恐れないことは人をワクワクさせ幸せ資産を増やす行動だと思っています。

❼一人旅を楽しんでいる：

一人で旅をしていると話しかけられたり、話しかけたりの機会が増えます。見たことのない風景とも出会えます。急がず、ニコニコと機嫌よく旅することをおすすめします。

例えば、私が設定した「つながり力のWILL」は「多様なつながりを増やし、柔軟な思考を持ち続けたい」などでした。そこから5年後のありたい姿は「社内外の複数のコミュニティに所属し、ミドルシニアの支援活動が広がっている」としました。

「5年後のゴール」の記入ができたら、「項目ごとの5年後のゴール（状態）」をより具体的に書いていきます（**Point❷**）。記入例では、例えば「多様な人的ネットワーク」について「セカンドライフクリエイターとして社内外にネットワークを広げ、ミドルシニアの社会課題解決に取り組んでいる」としました。

「項目ごとの5年後のゴール（状態）」の記入がすんだら、それぞれのゴールの実現に向けて「1年後の中間目標（実行内容）」（**Point❸**）を書いていきます。ワクワク人生のために明日から1年後までにやりたいことのリストです。「いつまでに」「何を」「どれだけ」を意識して、なるべく具体的に記入します。

こちらも記入例を参考にしてください。例えば「多様な人的ネットワーク」について、「1〜2カ月ごとに日本〇〇協会のコンシェルジュ活動に参加する、FP支部スタディグループ勉強会に参加する」としています。「1年後の中間目標（実行内容）」まで記入できたら、つながり力の「ワクワクアクションプランシート」は完成です。

以上で「人生ワクワクプログラム」の無形資産（「仕事力」「生きる力」「つながり力」）のワークが終了しました。各カテゴリーのワクワクア

クションの記入例をヒントに、あなた自身のワクワクアクションプランを考えてください。その場合、一つの無形資産に偏ることなく、資産の分散という考えを取り入れてみてください。

今回、幸せ資産づくりの研究の中で、ポーラの営業現場の日常には、無形資産である仕事力・生きる力・つながり力の全てに影響するワクワクアクションが実装されていることに私自身初めて気づき、鳥肌が立ちました。理にかなった幸せ資産づくりを長年無意識に行っていたのです。

**未来の
見える化
④**　｜　**5年後の
「お金の安心力」を強く**

STEP1 5年後の主観的満足度を記入する

ここからは「有形資産」（「お金の安心力」）、「無形負債」（リスク）、有形負債（住宅ローンなど）に関する5年後の資産棚卸表をつくっていきます。だいぶお疲れだと思いますが、これで幸せ資産のバランスシートが完成します。もう少し頑張りましょう。まずは5年後の「お金の安心力」を高める行動を明らかにするワークをしていきます。

人生100年時代の幸せに欠かせないのが老後のお金の安心です。一方で、「お金があれば幸せ」とは限りません。人生後半、生きがいを感じられる仕事で収入を得て「お金の安心」を増やし、そのお金をワクワクすることに使って「生きがい」を増やす。そうした好循環をつくることをゴールに、5年後のあなたの「お金の安心力」を高めていきましょう。

CHAPTER4で記入した「私の『お金の安心力』の資産棚卸表」（p.124）に、「5年後の主観的満足度」を加えた 未来のお金の安心力 WORK1 の表（右ページ）をつくります。5年後の未来の自分への満

未来のお金の安心力WORK1

「お金の安心力」の資産棚卸表に5年後の満足度を加える 記入してみよう！

	現在		5年後
有形資産	資産内容・状態	満足度（5段階）	満足度（5段階）
預貯金（普通預金・定期預金）			
投資商品（投資信託・株式・債券等）			
生命保険（死亡・医療・個人年金）	この部分はCHAPTER4で記入した「お金の安心力」の棚卸表（p.124）を使います →		
不動産（土地・家・マンション）			
マイカー			
その他			この部分を新たに書き加える
計			

記入例

	現在		5年後
有形資産	資産内容・状態	満足度（5段階）	満足度（5段階）
預貯金（普通預金・定期預金）	A銀行に普通預金 B銀行に定期預金（生活費として一部取り崩し）	1	3
投資商品（投資信託・株式・債券等）	投資信託 （新NISA・iDeCo 積立て開始から3年、運用順調）	3	4
生命保険（死亡・医療・個人年金）	子供独立のため死亡保険は保障金額を減額	4	4
不動産（土地・家・マンション）	持ち家木造築27年 数年後にリフォーム必要	3	5
マイカー	購入から7年経過（走行5万キロ） 次の車検までに買い替え検討	3	4
その他		0	0
計		14	20

Point!
5年後の満足度は現在よりも意識的に高くする

足度を想像し、以下の5段階で主観的満足度を設定しましょう。前述した理由で、「現在」より「5年後」を1〜2点意識的に上げています。

【5】非常に満足　【4】かなり満足　【3】満足　【2】少し満足
【1】満足を感じない　【0】該当なし

　ここで有形資産の5年後の主観的満足度の考え方について補足させていただきます。前述した通り老後のお金の安心は「お金があれば幸せ」ではありません。そのため5年後の主観的満足度の高さは各資産の金額（残高）ばかりにこだわらないでいただきたいと思います。一番重要なことはCHAPTER4の「お金の安心発見」ワークで作成したキャッシュフロー表と、その結果から必要と分かった修正の考え方が5年後の主観的満足度に反映されているかどうかという点です。

　具体的にはキャッシュフロー表修正のポイントであった収入増、家計の見直し、運用の開始などの実行計画を想定しながら、5年後の主観的満足度を記入することです。例えば預貯金や投資商品は資産形成時期は残高が増加し、引き出し時期は残高が減少するなどします。生命保険は、保障額を増やしたいのか、それとも保険料を下げたいのかで記載内容が異なります。
　また不動産は売却を考えているのか、購入を考えているのか、それともリフォームなどの準備を考えているかで異なります。マイカーも同様に売却したいのか買替えを考えるかで異なります。

　何のために資産を増やしたいのか、また、何にどのように使いたいのかを考えながら5年後の主観的満足度を想定してください。単純に資産額が増えるから主観的満足度が高くなるのではなく、資産をどうしたいという目的が実現できるから主観的満足度が高くなるということです。仮に資産が減ってもそれが目的実現のための支出であればOKです。この点を間違わないようにお願いします。

未来のお金の安心力WORK2

お金の安心力のワクワクアクションプランシート

 記入してみよう！

資産項目		1年後	5年後
有形資産	期日	中間目標（実行内容） ※具体的に何をするのか行動を記入	ゴール（ありたい姿） （○○○○○○○○○○）
預貯金 （普通・定期）		**Point❸** 目標に向けて1年目の行動と期日を具体的に記入	**Point❶** 「5年後にどうなっていたいか」を記入
投資商品 （投資信託 株式 債券他）			
生命保険 （死亡・医療・年金）			
不動産 （土地 家 マンション）			
マイカー			**Point❷** 「項目ごとの5年後のゴール」として、5年後の状態をより具体的に記入
その他			

記入例

資産項目		1年後	5年後
有形資産	期日	中間目標 （実行内容）	ゴール（ありたい姿） （年金受給となり、100歳までのお金の収支見通しが立っている）
預貯金 （普通・定期）	12月末	1.61歳 年金について勉強 年金事務所に問合せ 定期預金残高 200万円 月2万円自動積立	1.65歳から厚生年金受給開始 月15万円受給（見込み） 国民年金は70歳まで繰り下げ 定期預金目標 400万円 1年間の生活費備え
投資商品 投資信託 株式 債券他	6月	2.新NISA積み立て 月5万円継続 iDeCo積み立て 月2万円継続	2.NISAつみたて枠 累計300万円（20年後に）1800万円 iDeCo 累計120万円
生命保険 （死亡・医療・年金）	12月末	3.死亡保険 保険金額減額申請 医療保険見直し 保険料月7千円以下 個人年金受給開始まであと4年	3.死亡保険は子供が社会人独立のタイミングで解約 医療保険終身払い（入院保障1万円/日） 個人年金受給開始（年額70万円×10年）
不動産 （土地 家 マンション）	6月	4.自宅リフォーム情報収集 予算700万円	4.自宅リフォーム完了（終の棲家に）
マイカー	6月	5.車買い替え情報収集 予算300万円 2026年車買い替え予定	5.車買い替え完了（80歳で免許返納目指す）
その他			

STEP2 ５年後の目標と１年後の行動目標を記入する
〜「ワクワクアクションプランシート」作成〜

　次に、５年後の満足度を設定した目標まで上げていくためにこれからすべきことを考えていきます。まずは５年後に目指すゴールを書き、そこからバックキャストして１年単位で実行することを具体的に決めていきます。「５年後のゴール」の前提になるのがCHAPTER4の「お金の安心力」のワークで設定した「私の人生後半のお金の『WILL』」です（p.122）。そのWILLの実現にワクワクと取り組む５年後の自分の状態を想像して書いてください。

　有形資産を増やす取組みはCHAPTER4「お金の安心発見」で行ったワークが基本となります。記入例では年金の受給について「国民年金は70歳まで繰り下げ」とし、受給開始を70歳からにすることなどを記入しています。

　未来のお金の安心力ＷＯＲＫ２ 「お金の安心力のワクワクアクションプランシート」（p.151）にまずは５年後のゴール（ありたい姿）を記入します（ Point❶ ）。項目ごとの５年後のゴールはそれぞれがどのような状態になっていたら良いかを具体的な数字も含めて書いていきます（ Point❷ ）。記入例で説明しましょう。例えば「預貯金」については「65歳から公的年金の受給を開始」、年金受給見込み額は「月15万円」と具体的な数字を書き込んでいます。同時に、国民年金は「70歳まで繰り下げ」することで受給額を増やすとしました。実は記入例（私）の場合、私が72歳のときから妻も年金受給開始の年齢となるため、そのタイミングで夫婦の合計年金額が月30万円となるプランをつくったのです。このように年金受給に関しても、目的に合わせて受け取り方をどうするかをアクションプランに反映させてみてください。

　「項目ごとの５年後のゴール（状態）」の記入がすんだら、それぞれのゴールの実現に向けて「１年後の中間目標（実行内容）」を書いてい

きます（ **Point❸** ）。ワクワク人生のために明日から1年後までにやりたいことのリストです。「いつまでに」「何を」「どれだけ」を意識して、なるべく具体的に記入します。こちらも記入例を参考にしてください。例えば預貯金に関しては、「61歳　年金について勉強　年金事務所に問合せ」としています。受給開始の4年前に見通しを立てておくためです。「1年後の中間目標（実行内容）」まで記入できたら、有形資産（お金の安心力）の「資産棚卸表」は完成です。

未来の見える化⑤ ｜ 無形負債・有形負債に備える

STEP1 負債の資産棚卸表をつくる

　最後に負債編です。「無形負債」「有形負債」の現在と5年後の棚卸しを行います。負債についてはこれまでのワークで触れてきていませんので、現在と5年後の棚卸し、「ワクワクアクションプランシート」の作成を同時進行で行っていきます。

　p.154～155の下表の 未来の負債に備えるWORK1 の「無形負債・有形負債の状態と『主観的不満足度』」の表を作成します。表の中の項目で、当てはまるものは現在の状態や内容を記入し、それぞれの現在と5年後の「主観的不満足度」を記入します。負債ですので、これまでのワークとは逆に現状の不満足度をどのくらい下げられるかが、5年後の目標となります。当てはまらないものは空欄のままでOKです。

　「無形負債」とは人生後半に起こりうるリスクのことです。「身体のケア」「心のケア」「家庭・職場のトラブル」については医師やカウンセラーなど専門家への相談・介入が必要なレベルのものを記入してください。「介護ケア」に関しても現在要介護の人がいる場合に誰が介護をしているか、施設に入っているかなどを記入します。

「有形負債」の項目はCHAPTER4で作成した「家計のバランスシート」の「住宅ローン」「教育ローン」「自動車ローン」と連動しています。ただし、「主観的不満足度」を測る際は、ローン残高の大小ではなく、返済状況・生活満足度の観点で評価してください。

「主観的不満足度」は以下の5段階で記入します。
【5】非常に不満足　【4】かなり不満足　【3】不満足
【2】少し不満足　【1】不満足を感じない　【0】該当なし

あなたが抱えていない負債については、「【0】該当なし」を記入してください。

未来の負債に備えるWORK1

無形・有形負債の状態と「主観的不満足度」

記入してみよう！

【無形負債】リスク	資産内容・状態（現在）	不満足度（5段階）（現在）	不満足度（5段階）（5年後）
身体のケア			
心のケア			
家庭・職場のトラブル			
介護ケア			
その他			
計			

【有形負債】	資産内容・状態（現在）	不満足度（5段階）（現在）	不満足度（5段階）（5年後）
住宅ローン			
教育ローン			
自動車ローン			
その他			
計			

STEP2 5年後の目標と1年後の行動目標を記入する
～「ワクワクアクションプランシート」作成～

　次に、5年後の不満足度をSTEP1で設定した水準まで下げていくためにこれからやることを考えていきます。現状とありたい5年後の差は何か。それを埋めるために必要な行動を 未来の負債に備える WORK2 「無形負債のワクワクアクションプランシート」（p.157）と 未来の負債に備えるWORK3 「有形負債のワクワクアクションプランシート」（p.158）に記入して明確にしていきます。まずは5年後に目指すゴールを書き（**Point❶**、**Point❷**）、そこからバックキャストして1年単位で実行することを具体的に決めていきます（**Point❸**）。「1

記入例

	現在		5年後
【無形負債】リスク	資産内容・状態	不満足度（5段階）	不満足度（5段階）
身体のケア	健康診断経過観察あり	2	2
心のケア	ストレスチェック問題なし	1	1
家庭・職場のトラブル	特に問題なし	1	1
介護ケア	実母介護なし 兄夫婦同居	0	1
その他		0	0
計		4	5

	現在		5年後
【有形負債】	資産内容・状態	不満足度（5段階）	不満足度（5段階）
住宅ローン	退職時完済予定	1	0
教育ローン	退職時完済予定	1	0
自動車ローン	なし	0	0
その他		0	0
計		2	0

Point!
5年後の不満足度は現在よりも意識的に低くする

年後の中間目標（実行内容）」はワクワク人生のために明日から1年後までにやることのリストです。「いつまでに」「何を」「どれだけ」を意識して、なるべく具体的に記入します。

　記入例を参考に、具体的な項目を作成してみてください。例えば、無形負債の項目である「身体のケア」については、5年後に目指すゴールは「生活習慣病など治療が必要な状態になっていない」「日常生活において支障が生じるような健康不安がない」とし、そのために1年後の中間目標として「健康診断経過観察項目の改善」と記入、1カ月以内の早期に行動を開始するとしました（右ページ）。

　有形負債についても記入例（p.158）を参考に、具体的な計画を作成してみてください。例えば、住宅ローンに関しては「5年後のゴール」を「60歳退職時に住宅ローン完済」とし、そのための「1年後の中間目標」を「退職時に残金300万円を一括繰り上げ返済」などとしています。住宅ローン返済の負担がなくなり、定年後の生活の満足度が上がると期待しての設定です。

　このワークによって、無形負債・有形負債の5年後の状態を一覧にすることで、5年後のリスクが見える化され、必要な情報が見えてくる利点があります。例えば介護ケアに関しては、60歳前後だと親の介護に対応しなければいけない方も多いと思います。現在は介護が必要な状況ではなくても、5年後を考え、介護の準備（介護保険制度・地域行政支援制度、地域包括支援センターなどの情報収集、体験者からの学びを聞くなど）を始めることが必要だなと思いあたる方もいるでしょう。

　また家庭のトラブルとして相続・贈与問題が起きることもあります。相続問題が人的トラブルにつながることもありますので、リスク予防策を弁護士など専門家に相談しておくことが必要になる場合もあります。無形負債は5年後のリスクをどう考えるかがポイントです。

未来の負債に備えるWORK2
無形負債のワクワクアクションプランシート

 記入してみよう！

資産項目		1年後	5年後
無形負債	期日	中間目標（実行内容） ※具体的に何をするのか行動を記入	ゴール（ありたい姿） （○○○○○○○○○○）
身体のケア		**Point❸** 目標に向けて1年目の行動と期日を具体的に記入	**Point❶** 「5年後にどうなっていたいか」を記入
心のケア			
家庭・職場のトラブル			
家族・自分の介護ケア			**Point❷** 「項目ごとの5年後のゴール」として、5年後の状態をより具体的に記入
その他			

 記入例

資産項目		1年後	5年後
無形負債	期日	中間目標 （実行内容）	ゴール（ありたい姿） （心身のケア、人的トラブルのリスク軽減・未然防止ができている）
身体のケア	開始 (1カ月以内)	1.健康診断経過観察項目の改善 →生活習慣の点検（食事 運動 睡眠） かかりつけ医の情報収集	1.健康面で生活習慣病など治療が必要な状態になっていない 健康診断で再検査の必要がない 日常生活で健康不安がない かかりつけ医が決まっている
心のケア	日常 日常	2.疲れを蓄積させない リフレッシュ時間の確保 3.家庭・職場とも日頃のコミュニケーションをしっかり取る 人間関係の小さな変化に気づくよう気を付ける 弁護士情報収集	2.仕事や日常生活において大きなストレスを抱えていない 会社のストレスチェック診断で問題ない状態 専門家に相談が必要なレベルのストレス状態にない
家庭・職場のトラブル	2025年 6月		3.弁護士等の専門家に相談するようなトラブルが生じていない トラブルが生じたときに相談できる弁護士がいる
家族・自分の介護ケア	日常	4.90歳を超える高齢の親のため、帰省・電話・LINE等の手段で定期的にコミュニケーションを取る 親と同居の兄夫婦に感謝する、情報共有をお願いする 介護関連の情報収集と学び	4.親の介護が必要な状態になった場合、家族・兄弟との連携協力ができている 介護の専門家・行政への相談ができる
その他	12月末		

CHAPTER 5

家庭のトラブルに関しては、相続・贈与問題、離婚問題、近隣住民との人的トラブルなどで専門家（弁護士等）への相談が必要になるかもしれません。一方、ハラスメントなど職場の人的トラブルに関しても社内外の専門家（各都道府県労働局「総合労働相談コーナー」等）へ

未来の負債に備えるWORK3
有形負債のワクワクアクションプランシート

記入してみよう！

資産項目		1年後	5年後
有形負債	期日	中間目標（実行内容） ※具体的に何をするのか行動を記入	ゴール（ありたい姿） （ ○○○○○○○○○○ ）
住宅ローン		**Point❸** 目標に向けて1年目の行動と期日を具体的に記入	**Point❶** 「5年後にどうなっていたいか」を記入
自動車ローン			
教育ローン			
その他			**Point❷** 「項目ごとの5年後のゴール」として、5年後の状態をより具体的に記入

記入例

資産項目		1年後	5年後
有形負債	期日	中間目標 （実行内容）	ゴール（ありたい姿） （全てのローンを完済している）
住宅ローン	退職月翌月（9月）	1.借入金利が低いため、残金300万円を一括繰り上げ返済するか、返済計画通り2年後完済にするか検討 結論として退職時に一括繰り上げ返済を行い、定年後の生活費負担を減らす	1.60歳退職時に住宅ローン完済
自動車ローン			
教育ローン		2.マイカーローン借り入れなし	2.車買替の際は一括支払い
その他	退職月翌月（9月）	3.子供の大学教育ローン　残高300万円は退職時に一括繰り上げ返済	3.子供の教育ローンは退職金で完済

の相談が必要になるかもしれません。いずれも問題が大きくならないうちに専門家へ相談してみることがリスク軽減・解決へのアクションとなります。

「1年後の中間目標（実行内容）」まで記入できたら、有形負債、無形負債（未来の負債に備える）の「ワクワクアクションプランシート」は完成です。

行動することが幸せを生み出す

これで全てのワクワクアクションプランシートの記入が終了しました。前述した通り、5年後のゴール設定とそのためのアクションを考えるうえでポイントになる主観的満足度は、あくまで無形・有形資産の総量をイメージ化したものです。厳密には幸せの量は測定できないですが、あなたがそれぞれの資産をどれくらい保有すれば満足なのかはある程度イメージできたのではないでしょうか。

本書で、5年後の未来にプラスのイメージを持ってゴール設定をしてほしいということを繰り返しお伝えしてきました。

お気づきの方も多いと思いますが、私たちが人生や生きがいを考えるときに思い浮かべることの多くが、幸せ資産のバランスシートの有形・無形の資産の中に含まれています。幸せ資産の所有状況（満足度）を認識することが、未来に向けてあなたの「WILL（「〜したい」「〜でありたい」）」につながると考えています。

どのような人生を送りたいのか、どのような幸せの形を目指したいのか、そのために幸せ資産のバランスシートのどの資産を増やせば良いのか、またどのようなことに取り組んでいきたいのか、これらはあなたの意志で自由に決められることです。

ミドルシニアの方のセカンドライフへの不安や悩みの大半は「何を準備したら良いかわからない」ということでした。現状の把握と人生後半の戦略づくりには、有形・無形資産の棚卸表をつくって、5年後の主観的満足度を設定してみるだけでもよいのですが、それでは、

どうしても今日から何をすべきかが曖昧になりがちです。そこを具体化するためにつくるのがワクワクアクションプランシートです。

ワクワクアクションプランシートの作成は行動を一つひとつ具体化するワークなので少し大変かもしれませんが、あなたの不安・悩みを解消して幸せな人生を実現するツールだと思っています。行動が具体的になるほど、ゴールの実現可能性が高くなることが期待できます。

そして最終的にはワクワクアクションプランシートで作成した内容を実践する人と、しない人に分かれます。行動しなければ何も変わりません。私は行動の蓄積こそが「幸せ」を実感する方法であり、見えない資産（「無形資産」）はその資産を増やすために行動するプロセスの中でしか実感することができない資産だと考えています。行動が幸せ資産を増やすのです。それが、「幸せ資産の運用は『ほったらかし投資厳禁』」ということです。注意してくださいね。

さあ、以上で「人生ワクワクプログラム」が終わりました！
完成した全ての「ワクワクアクションプランシート」を並べましょう。それを見て明日から実際に行動しましょう。ぜひ行動すること自体を楽しんでください。計画通りに進まなくても〇Kです。1年後に設定した目標が達成できていなければ、また計画をつくり直せばいいんです。未来への目標をつくり、それを楽しんでください。

「人生ワクワクプログラム」はあなたの幸せをきっと増やしてくれます。

CHAPTER 6

座談会

年を重ねるほど
幸せになる人は
ココが違う！

株式会社ポーラ
人事戦略部
ヒューマンバリューチーム

佐野真功

ポーラ幸せ研究所研究員、人事戦略部「ミドルシニア」担当。シニア社員の豊かなセカンドライフの創造とワクワクイキイキ実現をサポート。1984年にポーラ化粧品本舗（現・ポーラ）入社、主に営業畑を歩み、定年直前の新規企画提案をきっかけに再雇用後に現職に。「ワクワクまーくん」の愛称で、SNSや社外のコミュニティで中高年向けのワークショップを行う。ファイナンシャルプランナー資格保有。

×

株式会社ポーラ
代表取締役社長
ポーラ幸せ研究所 所長

及川美紀

東京女子大学卒。1991年株式会社ポーラ化粧品本舗（現ポーラ）入社。商品企画、マーケティング、営業などを経験し、2020年1月より代表取締役社長。誰もが自分の可能性を拓くことができる社会の実現をミッションに、パーパス経営・ダイバーシティ経営を牽引している。共著書に『幸せなチームが結果を出す ウェルビーイング・マネジメント7か条』（日経BP）がある。

×

慶應義塾大学大学院システムデザイン・マネジメント研究科教授 兼
武蔵野大学ウェルビーイング学部長・教授
ポーラ幸せ研究所 アドバイザー

前野隆司

東京工業大学卒。東京工業大学修士課程修了。カリフォルニア大学バークレー校Visiting Industrial Fellow、ハーバード大学Visiting Professorなどを経て現職。著書に『ウェルビーイング』（日経文庫）、『『老年幸福学』研究が教える 60歳から幸せが続く人の共通点』（青春出版社）、『脳はなぜ「心」を作ったのか』（ちくま文庫）、『幸せな職場の経営学』（小学館）など多数。幸福学の第一人者。

写真／稲垣純也

本書でここまでワークを進めてきたポーラ幸せ研究所の「人生ワクワクプログラム」は、人生後半をワクワクと生きるための戦略をつくるもの。プログラムを設計したのは本書の著者である私こと佐野で現在63歳、再雇用で働くポーラの現役社員です。CHAPTER1でご紹介したようにプログラムには私自身の定年前後のリアルな経験もたっぷり盛り込みました。

　「人生ワクワクプログラム」が目指すのは長続きする幸せ、ウェルビーイングの実現です。そこで、年を重ねることで幸せになれる人に共通するものは何か？　というテーマで、幸福学研究の第一人者で慶應義塾大学大学院システムデザイン・マネジメント研究科教授であり、ポーラ幸せ研究所アドバイザーでもある前野隆司先生と、ポーラ幸せ研究所所長の及川美紀と座談会を行いました。

「老害」という言葉をどう思う？

前野　実は私、佐野さんと同学年なのです。多くの同級生はかつての佐野さんと同様、これからの働き方に結構悩んでいますね。「再雇用でやっていけるかどうか」とか。

及川　私は今55歳ですが、同世代の会社員の男性たちと会うと話題は役職定年のことが多いです。**50代は会社員として人生の岐路なのだなとつくづく思います。**

佐野　冒頭からいきなりですが、お二人は「老害」という言葉をどう思われますか？

前野　差別用語ですよ。年齢差別です。だからいずれは使えない言

「老害」は差別用語ですよ

葉になると思います。ジェンダーハラスメント的な言葉はだんだんと使われなくなってきましたが、シニア世代にはまだ遠慮なく「老害」などと言ってもいいという風潮がありますよね。

及川 使っているのは多くが若い人ですよね。そう呼ばれることを許してしまうと、自分が社会にとって利なのか害なのかの判断を若い人たちに委ねてしまうことになりかねないということが気になります。

前野 うちの学生も「職場のハラスメントとして老害の研究をしたい」と言いだして。確かにキャッチーなネーミングではあるのですけれどね…。

佐野 定年後の再雇用社員を揶揄する「妖精さん」という言葉もあります。**やる気も存在感もないから妖精**。「害」ではないだけマシなのかどうか…。

及川 老害にも妖精さんにもならず、若い人たちから頼られるメンターになる人もたくさんいますけれどね。佐野さんもその一人です。

佐野 いや、どちらの言葉にも、私たち世代は時代の変化を意識しなくちゃいけないんだなあと痛感させられます。これまでのキャリアで蓄積してきた経験に価値や意味はあると思いますが、学んで自分をアップデートしないと、職場で「あの人はいる意味があるのか」ということになってしまう。若い人が不慣れなことは上の世代がフォローし、上の世代が苦手なことは若い

163

人に助けてもらうというように、互いに互いを補完し合える
かどうかが分かれ目のように思います。

前野 今、アップデートという指摘がありましたが、老害と言われ
る人たちはアップデートの機会を与えられず、時代の変化に
取り残された被害者ともいえると感じますね。かつて多くの
企業は、上司の言うことには文句を言わず仕事に取り組むの
が当たり前の軍隊型組織でした。しかし今や目指すべき組織
の形はすっかり変わりました。老害と呼ばれてしまう人が60
代以上に目立つのは、軍隊型が当たり前だと育てられてきた
世代で、かつての企業像を刷り込まれたままになっている人
が多いからだと思います。

及川 朝から晩まで上司に厳しく指導をされながら仕事をして、夜
は上司に飲みに連れて行かれて、そこでまた話を延々と聞いて。
そういう時代でしたね。

前野 きっと我慢をして聞いていたと思うんですよ。それでようやく、
自分が語る側の年齢になったら時代が変わってしまって老害
と呼ばれる。**我々はかわいそうな世代だと思いますよ。でも
同じ状況でも変化に適応している人もいるわけですからね。**

佐野 「老害と呼ばれないように余計なことは言わずに黙っていよう」
などと萎縮したり、投げやりになったりしてしまうと仕事に
やりがいを見出せなくなると思います。そもそも再雇用後は
ほとんどの人の給与が定年前に比べて下がります。その結果、
つい「一生懸命やっても割に合わない」みたいな思考に陥りが

ちなのですが、仕事にネガティブな態度でいると、当然の結果としてやりがいのある仕事が回ってこなくなり、自分で自分の仕事をつまらなくしてしまいがちかなと思います。

編集担当 再雇用社員の給与も貢献度で差をつける企業が出てきていますから、「どうせ」などとふてくされていると昇給のチャンスを逃す可能性もありますよね。

前野 **お金はもちろん大切ですが、ただお金を持っているだけでは幸せは長続きしません。**パーソル総合研究所と私の研究室が共同で行った調査では、「働くことを幸せだと感じている人は『やむを得ず働く年数』が短い」という結果が出ました。お金のためだけに「あと何年働かなければならない」と思って働いている人は幸せな状態とは言えません。その仕事で働くことにお金以外の目的を見出せるかをまず考えることが、定年後の働き方を考えるうえでとても大事なことだと思います。

「年を取れば取るほど幸せ」は本当？

佐野 前野先生は幸福学の専門家として様々な研究をされています。お金をたくさん稼いだり、物をたくさん持ったり、地位や名誉を得ることによる幸せは長続きしない一方で、安全な環境で、心身共に健康であることによる幸せは長続きするとおっしゃっています。そしてたびたび、年齢と幸せには相関関係があると指摘されていますね。
年齢を重ねれば重ねるほど幸福度が上がるというのは本当なのですか。

若い人に頼られるシニアもいます

前野 年齢と幸福についての研究は日本でも欧州でも行われていますが、結果はほぼ同じです。まず、20代は幸せです。若く希望に満ち溢れています。それが年を重ねると幸福度はだんだん下がっていって、だいたい40代から50代が底になります。そして、その後は一直線に上がっていきます。調査対象となる国や調査対象の業種で多少の違いはありますが、「50代以降は幸せになる一方」というのは共通した傾向です。特に、90歳から100歳の高齢者の幸福度は極めて高いとされています。

及川 **ポーラには「最高齢の女性ビューティーアドバイザー」としてギネス世界記録に認定された101歳のビューティーディレクターである堀野智子さんがいる**のですが、確かに堀野さんはとっても幸せそうです。

佐野 私もお会いしてそう感じました。

前野 スウェーデンのラーシュ・トーンスタム氏が提唱する「老年的超越」という概念によると、年齢を重ねると自己中心性が減る一方で寛容性が高まり、高い幸福感を得られるようになるというのです。幸せな人は健康寿命が長いという調査結果もありますから、幸せだと長生きするし、長生きする人は幸せということですね。

佐野 年を重ねるのはいいことだらけではないですか。でも、今の日本ではあまりそうは思われていませんよね。なぜなのでしょう。

前野 まず、個人差があります。先ほど40代から50代の幸福度が最

101歳で現役の堀野さん、とっても幸せそう

も低いと言いましたが、40代が一番幸せだと感じる人もいますし、年齢が上がるにつれて不幸になっていると感じる人もいます。メディアはたいてい不幸せな人にフォーカスするので、年を取ることは不幸というイメージが刷り込まれてしまっていますが、実際には、高齢者の多くは幸せなのですよ。

佐野 ただ、定年前後の会社員は、年齢を理由に一律にくくられてしまうことでマイナス思考に陥りがちです。私は複業として人生後半の生き方の講師をしているのですが、参加者の定年後再雇用の方から「**会社はもうちょっとやりがいのある、責任ある仕事を振ってほしい**」とうかがうことがあります。

及川 佐野さんの今の話を聞いて連想したのが「マミートラック」です。育児休業明けの女性が異動させられたり、昇進・昇格の道を絶たれたりなど、出産や育児を理由に一律に「戦力外」とみなされてしまうことをそう呼びます。時短勤務になってお給料が上がらない、プロジェクトに呼んでもらえず出張もさせてもらえない。その結果、貢献していないとみなされてポジションを落とされる。配慮は必要ですし、ライフステージに合わせた働き方の柔軟性は必要ですが、育休前と同様に働きたいと考える女性もいます。「子育て中の女性」を全て一律の枠に当てはめてしまうのはおかしいですよね。現在のシニアの状況にも似たような課題があると思います。シニアの働き方の可能性を広げることにもポーラとして注目していきたいですよね。

前野 素晴らしい。

及川 個性で活躍するのだから、年齢や性別や、現在置かれている
ライフステージは関係ないですよ。例えばポーラではがん
にかかった人も働くことを諦めずにすむように「がん共生プロ
グラム」を用意しています。治療に集中して仕事は控えめにし
たいという人もいますし、仕事遂行上の能力は何ら変わって
いないから以前と同じように働きたい、治療中というだけで
腫れ物に触るように扱わないでほしいという人もいます。つ
まり、人それぞれなのですよね。

前野 本人には「できる、やりたい」と意欲があるのに周囲が「あい
つにはできない」と枠にはめることも差別ですからね。

佐野 60歳定年という目に見えない線を一歩またぐと急に何かが変
わってしまうと、社会全体が何となく思い込んでいる。**会社
組織に制度は必要ですが、個人がそこに合わせる必要はない**
かなという気はします。例えば「65歳になったら仕事は引退
するもの」という思い込みから自由になったほうが、人生後半
がワクワクするはずです。

及川 人を活かすために制度があるはずなので、時代によって制度
を変えていくことはできると思っています。

前野 マミートラックの課題も解決しないといけない問題ですが、
同じく大切なのがシニアの問題。「老害なんだよ」って言う側と、
言われて自信を失ってしまう側の両方に思い込みがあると思
うんです。それを解消するにはやっぱりコミュニケーション、
理解し合うことが必要ですよ。「年寄りは話が長くて面倒くさ

い」とか「若いやつはどうせ分かんないんだ」なんて分断して
いたら始まりません。

「ワクワクまーくん」は数字の鬼だった！

及川 まずは佐野さんのように、**シニアとひとくくりにされがちな側が新しいことにチャレンジし、自ら変わることも一つの方法**なのではないかと思います。佐野さん、本当にどんどん親しみやすくなっていますよね。変化がすごいです。

佐野 いやいや。そんなに変わったつもりはないんですけど。

前野 私は、物腰柔らかで人当たりの良い佐野さんしか知らないのですが、昔はどのような人だったのでしょう。

及川 数字の鬼ですよ。バリバリのザ・営業部長。

前野 ええっ、本当ですか!?（笑）

及川 物腰は昔から柔らかかったですし、人柄は穏やかなんですが、数字達成の責任感がとにかく強くて、粘り腰でもあったので"スッポンの佐野"の異名を取っていました。その人が、最近はニックネームで「ワクワクまーくん」と呼ばれて実にイキイキと働いています。オンライン講習では男性女性を問わず若い社員から、「まーくん頑張れ」とハートマーク付きの応援を浴びていて大変な人気（笑）。長年、一緒に仕事をしてきた私には、そうした佐野さんの姿がとても新鮮に映ります。

数字の鬼だったの!?

佐野　きっかけは定年後に会社人生で初めて人事部門に異動したことなんです。ポーラは私がかつていた営業部以外ではニックネームで呼び合うのが当たり前なのですよね。異動していきなり若いスタッフから「ニックネームはどうしますか」と聞かれて驚きました。子供時代に親戚のおじさんおばさんに「まーくん」と呼ばれていたのを思い出して、どうせならそこにワクワクを付けちゃおうと。

及川　ワクワクはオリジナル（笑）で「ワクワクまーくん」。今や、みんな佐野さんっていう名前を忘れちゃったんじゃないかっていうぐらい、社内で認知されています。

前野　いやあ、佐野さん、さすが同級生です、いろんなことがシンクロします。実を言いますと、**私も最近は「たっくん」と呼ばれるようになったんです。**

及川　佐野　なんと！（笑）

前野　長年教えている慶應義塾大学では割と怖い先生ということになっているのですが、「この先、そんなんでやってられるか」と。今年の春から武蔵野大学でも教えるようになって、学部長という肩書が強すぎるし、いい機会だから「たっくん」と呼んでもらうことにしました。

及川　うまくいきましたか。

前野　昨日もキャンパスでダンスの練習をしている学生に「たっくー

どうせならワクワクを
つけちゃおうと

ん」って手を振られました（笑）。年齢差があってもフラットな関係は築けるのだなあと実感しています。佐野さん、1カ月ぶりに会ったら、何か、さらに目が輝いてお元気そうじゃないですか。私も、「ワクワクたっくん」にしようかなあ。

佐野 「仕事、楽しそうですね」って最近よく言われます。先日、大阪に出張に行ったら、「何だか雰囲気も顔つきも変わりましたね」と言われました。言葉の力みたいなものは感じています。「人生ワクワクプログラム」とたびたび口にしたり、「ワクワクまーくん」と呼ばれたりすると、本当に気持ちがワクワクしてくるのです。

前野 昔は楽しそうではなかったんですか。

佐野 数字を達成することにやりがいは感じていました。でも今はそれとは別のワクワクを感じています。

前野 交友関係も広がったんじゃないですか、まーくんになってから。

及川 佐野さんが定年後にポーラ幸せ研究所で始めた「人生ワクワクプログラム」や社内コミュニティ「ライフシフトカフェ」で社内のあらゆる部署のあらゆる世代にネットワークが広がりましたよね。でも実は**佐野さんみたいな方、女性には結構いる**のですよね。先ほどお話しした「役職定年を話題にする同世代」は、ほとんど男性です。社内外の同世代の女性たちは、役職についている方でも定年を嘆く話はほとんどしません。もっぱら「これからはこんなことをやりたい」という話で盛り上がります。

あくまで「及川周辺リサーチ」によるとですが、男性と女性では結構違いがあります。

前野 男性はこれまでずっとマジョリティとして生きてきましたからね。60歳を過ぎてシニアとして扱われて、「配慮する側」から「配慮される側」へ、つまりマジョリティからマイノリティの側に回るのですから当然戸惑いがあるのだと思います。正直、私自身も少し戸惑っています。

佐野 そうなんです。**ずっとマジョリティだった人は、マイノリティになることになかなか慣れません。**ある日突然、見えない線を急に引かれたような気がして驚き、戸惑ってしまうのです。私も、いろいろな方のお話を聞いていて、定年後について女性のほうが前を向いて可能性を語っているなというのは感じます。

及川 統計的には、現代の日本で60歳はまったくマイノリティではないのですけれどね。今、日本人の平均年齢は51歳ですから、60代はマジョリティ側です。

前野 確かにそうです。

及川 同様に女性も、数でいえば、ずっとマイノリティではなかったのです。日本の人口の男女比はほぼ半々ですから。人数的にはマジョリティであっても、ビジネスの世界ではマイノリティとなってしまう現実があるのです。私も、2020年に社長に就任したときに「国内の大手化粧品会社で初の女性社長」とあちこちで報じられて、そんなに珍しいものなのかととても

驚きました。男性なら「男性社長」とは絶対に言われませんよね。いろんなところに思い込みの罠があるのですよね。

「ありがとう」の一言が世代間格差を縮める

及川 先ほどもお話しした、佐野さんが運営するライフシフトな生き方を考える社内コミュニティ「ライフシフトカフェ」には、社内からたくさんの人が集まっています。

佐野 登録者数は100人になりました。本社で働く社員が対象なので、全体の約1割にものぼっています。20代から60代まで、本当にいろいろな世代、環境にいる人が参加してくれています。今私がこうしたコミュニティを運営しているのは人事部に異動したからこそですし、ずっと営業の現場にいた私が人事に異動したのは、まさに定年後の再雇用がきっかけでした。しかし、部署が変わると、まるで別の会社みたいに仕事のやり方から分からないわけですよ。だから、**周りの若い人に聞きまくりです。もうそれこそ新入社員と同じような状態**ですから、以前はこんな仕事をしていたなんて見栄を張っていられないのです。いろいろ教えてもらったり、頼んだり、もう感謝の気持ちでいっぱいの毎日でした。

前野 またもや佐野さんとシンクロです（笑）。この春から教えることになった武蔵野大学では、新しく来た教員のために新入社員研修みたいなものがあるんです。そこに若い新人の先生と一緒に座って、一から教わりました。交通費の精算方法一つとっても本当に分からないことだらけなんです。でも、若い

本当はマジョリティなんです

人たちは親切で、優しく教えてくれます。

及川 さすがウェルビーイング学部をつくる武蔵野大学です（笑）。

前野 この年になっても知らないことだらけだなあと。すぐには覚えられませんから何度も聞いたりね。本当にありがたいなと感謝しながら、お願いして教えてもらうことは仲良くなるいいきっかけなんだなとも実感しました。年上だから、肩書があるからといって「おい、分からないから教えろよ」なんて威張っていると、そのまま老害と呼ばれる人になっちゃうので要注意です（笑）。

及川 感謝してもらえる人になりたいなら、先にこちらから感謝をしないといけないということ、これは幸福学の考え方と一致しますね。

前野 確かに。

及川 前野先生のパートナーでポーラ幸せ研究所のアドバイザーの前野マドカさんとの共著書『幸せなチームが結果を出す　ウェルビーイング・マネジメント7か条』（日経BP）では、**働くメンバー全員が幸せで結果を出すチームの共通点の一つとして「愛のループを自分から始める」こと**を挙げたのですが、これは全てに共通する真実かなと思っています。「教えてくれてありがとう」の一言をベテラン社員が口にすることで、若手社員は「ありがとう」と言われることのうれしさを知り、次からは自分が「〇〇さん、ありがとうございます」と自然に言うようになる。ま

「アリアリナンヤッ！」って覚えてください

さしく愛のループなのかなと思いますね。

佐野 ポーラにはビューティーディレクターという、全国のポーラ
ショップで、カウンセリングやお客さまの肌質に合わせたエス
テを行ったり、化粧品を販売したりする仕事がありますが、
彼女たちに話を聞くと、お客さまからありがとうと言われる
ことに一番の仕事の喜びや幸せを感じているのですよね。前
野先生は幸せの4つの因子として「やってみよう」因子、「あり
がとう」因子、「なんとかなる」因子、「ありのままに」因子の4
つを挙げていますが、まさに「ありがとう」因子を持てている
のです。

前野 幸せの4つの因子は少し順番を入れ替えて「アリアリナンヤッ!」
と覚えてください。関西弁では「よくあること」という意味に
なります。一つ目のアリは、「ありがとう」因子。多様な人と
のつながりと感謝を表します。次のアリは、「ありのままに」
因子。他人に左右されず、自分らしくマイペースに生きると
いうこと。ナンは「なんとかなる」因子。物事を前向き・楽観
的に捉えること。最後は「やってみよう」因子。自己実現と成
長です。4つの因子がそろっている人ほど幸せです。そしてこ
れらの因子はどれも、自分でコントロールできるという特徴
を持っています。**多くの人と触れ合って感謝される仕事を選び、
それを続けているということからは、確実に「ありがとう」因子
を得られています。**

及川 先ほどお話しした101歳のビューティーディレクター、福島
県在住の堀野智子さんは勤続60年を超えるキャリアをお持ち

の方です。「最高齢の女性ビューティーアドバイザー」として保持していたギネス世界記録を、2024年5月に101歳になったことで更新されました。

佐野 脳の検査をしたらお医者さんに「60代の脳だ」と言われたらしいですよ。とても仕事熱心で、今でも新規顧客開拓のために通勤途中のバスの中でご一緒になった方に声をかけたりするそうです。

及川 ギネス世界記録の表彰式の際には、列席してくださった福島県の内堀雅雄知事に「新しいお客さまを増やしたい」という現在の目標を伝えたとも聞きました。

前野 本当にびっくりの一言です。お金のためだけの仕事だったら、きっとそこまでは頑張れないと思います。

「実感年齢」は実際年齢の半分

及川 年齢と仕事について、以前、興味深い話を聞いたことがあります。日本で定年退職という制度ができたのは、明治時代だそうです。そのときの定年が55歳です。ところが、当時は平均寿命が50歳にも満たなかったのです。そうした短命の時代、55歳が定年ということは事実上、終身雇用だったわけです。

そしてその後、平均寿命が伸びていきます。たとえば1955年で男性64歳、女性68歳なので、55歳で仕事を辞めた後、いわゆる老後は男性で8〜9年、女性で12〜13年でした。で

も2023年時点の平均寿命は男性が81歳、女性が87歳ですから、60歳で仕事を完全にやめてしまうと、男性なら21年間、女性なら27年間、仕事をせずに過ごすことになります。

前野 そう考えると、今の時代なら定年は75歳、いや、80歳くらいが適切なのかもしれません。織田信長が好んだという敦盛に「人間五十年」という一節がありますが、今や人生100年時代ですから、**もはや年齢は2で割ったほうが実感に近い**のかもしれません。私なら31歳。実際、自分としてはそのくらいの感覚でいます。

及川 私は27歳ということで、自分の娘とほぼ同じ。そう考えると、まだまだやれることがたくさんありますね。そして先ほどの定年の年齢は、逆に2倍にすれば110歳ということになります。80歳どころじゃないですね。

佐野 今の人たちは気力だけでなく、体力的にも年齢からイメージするよりもずっと若いはずです。年齢を重ねることで高まる能力もあるそうですね。

前野 **加齢によって衰える能力はないと言ってもいい**かもしれません。記憶力が悪くなると言われますが、これも衰えているわけではなく、細かすぎること、余計なことは考えなくなるということです。年齢と共に特に高まる能力に深い思考力があります。いろんな経験を積んだ結果、大局的にモノを考え、「なんとかなる」と考えるようになる。幸福度を高める4つの因子の一つ「なんとかなる」因子が高まるのですね。

年齢を重ねたから花開く可能性がある

及川 年齢を重ねることは、人生の可能性を広げることだというメッセージを、ポーラではエイジビリティ（AGEBILITY）という言葉に込めています。年齢と可能性をかけ合わせたポーラの造語です。キャッチコピーは「楽しもう。生きた分だけ、未来は面白い。」

前野 かっこいいですねえ。先ほど社内でポスターも見かけましたが、ダリアの花の写真が印象的でした。

及川 私たちポーラは、人の持つ可能性を大切にしたいと考えていて、その方が積み重ねた経験は必ず新しい可能性につながると信じています。経験はさらなるきっかけになる。そんな可能性の拡張に取り組んでいきたいですし、そういった価値観を広げていきたいのです。

前野 2016年に日本でも話題になった書籍『マインドセット「やればできる！」の研究』（草思社）の著者キャロル・S・ドゥエックさんは、「フィックスド・マインドセット」と「グロース・マインドセット」ということを言っています。「フィックスド」は「固定」、私はもうこれ以上成長しませんというマインドです。一方の「グロース」は「成長」ですから、成長するマインドセットです。エイジビリティというコンセプトは、まさにグロースマインドを持とうという提案ですね。それに、**成長するぞと思ったら、自然とワクワクします**。ワクワクまーくんはまさしくグロース・マインドセットですね。

「来年100歳なの？」って驚いたと

佐野 ビューティーディレクターの堀野さんは、99歳になるまで年齢を意識したことはなかったそうです。99歳になって取材を受けるようになったり周りから「あと1年で100歳ですね」と言われたりして、初めて「ああ、そうなのか」と意識するようになったとおっしゃっていました。

前野 いやあ、堀野さん、本当にすごいです。先ほどの「フィックスド・マインドセット」によると、「私はもう歳だから〇〇は無理」と自分がフィックスしてしまうと、周囲にもそれが伝わり、その人の可能性をフィックスしてしまうことにもつながるそうです。

及川 「もういい年齢なのだから、そんなにメークしてもね」なんて思わずに、本当は「**どんどん新しいことにチャレンジしてかっこいいね**」と声をかけたいですよね。ポーラで働くシニアのビューティーディレクターの方々には「年齢を気にせずに楽しんで」と声をかけるご家族のみなさんがいます。周囲の関わり方がとても大切だと思います。

前野 思い込みや枠は、外す方向に働きかけたいものですね。

及川 会社という組織は、抱えられる社員の数がある程度決まってしまっていて、新陳代謝せざるを得ない部分もありますが、なるべく自由度を高くしていきたいですね。

佐野 私の母は93歳ですが、元気で、今でも新しいことや好きなことに挑戦しています。そういった親の姿を見ていると「こうあ

りたいな」とも思います。

前野 イキイキと働いている姿は、下の世代を勇気づけることにもなるのですから、年齢を理由に自分に制限を掛ける必要はありませんね。

及川 先ほどエイジビリティを紹介しましたが、ポーラでは「若く見えることを目指そう」というメッセージは一切、発信していません。自分らしく年齢を重ねるエイジングケアで、自分が心地よくいられることをしようと呼びかけています。

前野 ポーラ幸せ研究所が2022年に行った調査でも、**エイジングをポジティブに捉え受け入れている人ほど幸福度が高い**という結果が出ていますよね。このときは、調査結果に基づき、エイジングをポジティブに受け止めて幸せに暮らすヒントとして、5つを提案しています。「自分らしくいることを大切にする」「流行を取り入れるかどうかは、自分で判断する」「心をときめかせる、五感を使う体験を大切にする」「自分のケアをする時間を大切にする」そして「自分の心の健康にも気を配る」です。

及川 本当にその通りですね。私自身もお手入れはポーラの化粧品だけ。白髪は染めないし、お肌もありのまま（笑）。私にとってそれらは55年生きてきた私として大切にしたいことだし、それがいいと思っています。

佐野 私は髪を染めていますが…（笑）。

及川 それが自分らしいと思えればいいんです。大事なのはまず自分が心地よくいられること。それに加えて「なんだか疲れて見える」「機嫌が悪そう」と思われなければいいかなと。101歳の堀野さん、おきれいでしょう。丁寧にスキンケアもされているから肌の艶もよく、なによりいつでも素敵な笑顔です。

前野 私、趣味で写真を撮るんですが、90歳前の母をカメラでのぞくと美しいなあと思います。肌ツルツルの若者はもちろん美しいですが、それよりも、**しわのある笑顔から90年一生懸命生きてきたことが伝わる美しさがいい**。きっと100歳になったらもっと美しくなっているんだろうなと思っています。

及川 なんて素晴らしいエピソード！

前野 本来、様々な経験をしてきた高齢者は敬われるべき存在です。しかし、産業革命により効率化が重視されるようになり、いつの間にか若いことが素晴らしいという価値観へと変わっていきました。成長社会と相性の良い価値観の変化だったのだと思います。しかし最近は環境問題への関心も高まり、成長だけを追い求めることに疑問が持たれ始めています。年齢についての価値観も過渡期にあるというべきでしょう。若さよりも自分らしさというポーラのメッセージは、時代を先取りしているなと感じます。

及川 実はポーラも以前は「〇歳若く見えるメーク」とか「好感度が上がるメーク」なんていう提案をしていた時代もありました。あれも何かの枠にとらわれた発想だったのかなと思います。

CHAPTER 6

90歳直前の母が本当に美しいんです

前野　「若く見える」も「好感度」も、他人からどう見えるかを気にしすぎていますね。一方で「あなたらしく」というのはその逆で、自分がどう感じるか。

佐野　「あなたらしく」は幸せの4つの因子のうちの「ありのままに」因子に当たりますね。

前野　人からどう見てもらえるかを気にしすぎているうちは、あんまり幸せではなさそうです。

及川　年齢なりの経験を活かしながら、何歳になってもチャレンジしたいという気持ちを持ちたいですよね。これは「やってみよう」因子ですね。ポーラでは「ありたい・WILL」という言い方もしています。

前野　チャレンジする以上は「なんとかなる」因子も入っているはずです。つまり、ポーラのメッセージには幸せの4つの因子がそろっているわけですね。

「老後」が気になる 40 代へのメッセージ

及川　佐野さんは、60代以降も幸せに過ごすために、40代の自分にアドバイスしたいことはありますか?

佐野　まず、40代って若いっていうことですよね。定年までしか働かないと思うと折り返しですが、定年後もいろいろな形で働くことを考えると、まだまだ序の口です。それを踏まえてア

ドバイスするなら「もっとやっていいんだぞ」ですね。**わがま
まかなとためらわずに遠慮せず、やりたいことをやる。**それ
が結果的に自分の成長にも会社の成長にもつながるからです。

及川 やっていいんだぞ、例えば何をでしょうか?

佐野 まず、自己理解です。自分は何が好きで、何が得意かを知る
こと。そしてその好きや得意を活かして、60歳くらいまで時
間をかけてコミュニティを広げておければよかったかなと思
います。40代に営業現場で仕事をしていたときの私は、グロ
ースマインドを持って年齢を感じさせずにバリバリ働いている
ビューティーディレクターのみなさんという最高の教科書が
すぐそばにいらっしゃいました。ただ、当時は目の前の目標
達成にやりがいを感じていたこともあって、なかなか他のこと、
先のことに目を向けられずにいました。

及川 忙しいとそうなりがちですよね。**ネットワークづくりは身構
えずに、気が向いたときにちょっとした会合に参加してみる**
のでもいいと思います。私も、業務のためにと思って参加し
た勉強会で人とのつながりができ、こっちもあっちも、と広
がりが生まれました。幸せに興味のある人が集まる前野先生
主宰のコミュニティも、とても楽しく、共感でつながってい
ることも魅力に感じます。しばりがあまりに強いと、「行かな
ければ」と義務になってしまいますから。佐野さんが月に1度、
社員向けに開催しているオンラインサロン「ライフシフトカフ
ェ」も共感によるつながりですね。

183

佐野 研修色が強くなると参加しにくくなってしまうと思うので、参加者は準備不要としています。話題も、ライフシフトというくくりはありますが、子育ても介護も何でも、自由で多岐にわたります。

及川 共感つながり、「〜せねばならない」ではないからみんな気が楽で、結果的に物事が前に進むこともあります。

前野 そういったゆるいつながりのコミュニティが、欲を言えば3つくらい持てるといいように思います。及川さんは40歳の自分にどんなアドバイスをしますか。

及川 「**過去を振り返る話よりも最近知った面白い話をしよう**」でしょうか。昔話ってついついしてしまうんですけれど、でも、聞く側の立場に立ったら「私は昔こうやったらうまくいった」よりも「それに興味があるならこんなものがあるよ」「最近読んだこんな本が面白かった」という話のほうがありがたいし、興味を持ってもらえるはずです。答えを伝えられなくても、適切なアドバイスができなくてもいい、ネタを渡せればいい。それくらい気楽に考えていたほうがいろんなコミュニティに入りやすくなると思います。

佐野 そうですよね。大事なのはむしろ会話を通してお互いを知ることで、相手もそれほどしっかりとした答えを求めているわけではないと思います。

及川 参加しているコミュニティ同士は一見、脈絡がないように見

えても、人生、最後にはつながるのかなと思います。私が前野先生に出会ったのも50歳のとき、もともとは仕事とはまったく関係のないご縁がきっかけでしたが、その出会いがあったからこそ2021年のポーラ幸せ研究所設立につながり、昨年は前野マドカさんと一緒に『幸せなチームが結果を出す　ウェルビーイング・マネジメント7か条』を出版し、今日の鼎談があるわけです。まさにつながりが新しい可能性を生み出していますね。

前野　最終的にはつながるのですから、新たなコミュニティは社内、社外のどちらでもいいと思います。会社員ならまずは佐野さんのように、社内でコミュニティを運営し新たなつながりをつくり出すなどが、ハードルが低くて始めやすいと思います。

及川　**会社という場をどんどん利用してネットワークを広げてほしい**です。会社には同じような考えを持っていて、気心が知れた仲間がいるのですから、この指止まれと声を上げさえすれば、そこに止まってくれる人は必ずいます。予算もつきます。そういえばポーラには「クラブアマゾネス」というチームもあります。更年期を迎えた女性社員が悩みを分かち合ったことで2021年に生まれた、自分らしく生きていこうとする女性を応援するプロジェクトです。今風の言い方だとフェムケアですね。彼女たちが、婦人科の先生の講演などを企画して更年期についての情報を発信してきたことで、当事者も周囲も仕事をしやすくなっています。ポーラで頑張っているのはワクワクまーくんだけではないとお伝えしたいです。

「クラブアマゾネス」も負けてませんよ

佐野 彼女たちには私の活動にも賛同してもらっていて、助かっています。前野先生は、40代の自分にどんなメッセージを伝えますか。

前野 幸せの研究を始めたのが45歳のときなので「よくやった」と言いたいです。でも、もう少し早く始めても良かったのかな。それまではロボットの研究をしていたので、その年齢から違うことをするのにためらいがあったのです。とはいえ先ほどの話のように実年齢を2で割れば、45歳当時の実感年齢は20代前半になるわけですから、まったく遅くなかったですね。一歩踏み出してみて本当に良かったです。

佐野 及川さんは40歳の頃何をしていましたか。

及川 ちょうど、営業畑から商品企画部長になったばかりでした。お客様と接し販売する立場から「もっとこういう商品をつくってほしい」と周りに言っていたら、つくる側の立場に立つことになったのです。その後、「もっとマーケティングしたほうがいい」と言っていたら今度はマーケティング担当になり、「ブランド力向上が必要」と言っていたらブランド変革のプロジェクト担当になってという具合に、こうあったらうれしいなという提案をしていたら、その都度、そのための場と仲間と予算を与えてもらえました。

前野 そうしているうちに、社長にまでなってしまいましたね（笑）。

及川 自分が言ってきた提案の責任を負っているみたいです（笑）。

40代でやっておけばよかったなと思うのは、肩書がないうちにたくさんのつながりを得ることです。私は45歳で役職について、勉強の必要性を感じていろいろな勉強会に参加するようになったのですが、そういった場ではどうしても肩書が邪魔をします。社長になってからはますますそれを痛感しています。ですから、もっと若くて自由だったときに、誰からも必要以上に気を遣われることなく、若く柔軟な脳みそでいろいろなインプットをしておけばよかったなと思います。

前野 おそらくこういった「ちょっと後悔しているんだ」「もっとやればよかった」といった経験に基づく話は、自慢話ではありませんし、若い人にも興味を持って聞いてもらえて、役に立ててもらえるのではないでしょうか。

佐野 40代の人にも、前野先生のように45歳からまったく新しいことを始めても決して遅くないと知ってもらえるとうれしいですね。私も知っておきたかったです。

前野 お二人とお話していてつくづく思うのは、社会は年齢によって断絶していない、連続的な形であるほうがいいということです。そして、そうした社会をつくるうえで必要なのは適切なコミュニケーション。若い人は老害とか言って我々を遠ざけていたらもったいないですよ(笑)。「いやいや、あの人に聞いても意味ないから」と交流を断絶しているとしたらこの本を読んで考え直してほしいですね。本当に。**我々老害側も改善すべきところを改善し、謙虚になります**から、若い皆さんはどうぞ遠慮なく「たっくん」と声をかけてください(笑)。

「たっくん」と呼んでください

及川　自分のことも相手のことも、枠に当てはめすぎることなく、個人としてコミュニケーションができるようになるといいですね。枠を外すというのは、あらゆる人が属性ではなく個人として認め合うための第一歩だと思っています。

前野　及川さんは一貫してそこにチャレンジされていますよ。ポーラ幸せ研究所の1冊目の本（『幸せなチームが結果を出す』）も今回の本も、働き方と幸せについて新しい提言をしている。しかも具体的に。

及川　佐野さんの話を聞いたら本をつくりたくなったのですよ。今の佐野さんは「やろうよ」って言えば挑戦するんじゃないかなと。**佐野さんの「やってみよう」因子が強かったから背中を押した**んです。

佐野　会社員が本を書くなんて、経験として一生のうちに一度あるかどうかじゃないですか。本当にありがたい経験をさせてもらっていると思います。最近はまたリアルで集まって話し合うこともできるようになってきましたし、様々な交流を通じて誰もが個人として尊重し合い、幸せになれる社会になることに、私の活動が少しでも貢献できれば、本当に幸せです。

「生きた分だけ、未来は面白い。」

CHAPTER

7

70代以上の50人に聞きました!
ポーラ ビューティーディレクターたちが
ワクワクと働き続けられる理由

Interview

＼ギネス認定「最高齢の女性ビューティーアドバイザー」／
101歳・堀野智子さん

 101歳まで心も体も健康に働き続けられた理由は？
毎日の習慣があれば教えてください

 「歩く」「3食よく食べる」「お風呂体操」「朝6時半起き」

99歳のときに取材で「あと1年で100歳ですね」と言われるまで年齢を意識したことはありませんでした。一人暮らしで自分のことは全部自分でやっています。**毎日、続けている習慣は「歩く」「1日3回よく食べる」「お風呂で体操」「毎日決まった時間に起きる」**です。自宅から7キロ離れたポーラショップまで、徒歩とバスで通勤しています。70代までは自宅まで歩いて帰ったこともあります。食事は3食自炊です。お風呂での体操は背中を伸ばす、足首を上下に動かすストレッチで、10年以上続けています。朝は6時半に起きて顔を洗い、その後、必ずメークするのも日課です。

 39歳のときにポーラで働くきっかけとなったのは？

 「この頃きれいになってどうしたの？」と言われて

30代のとき、向かいのおうちに住んでいらした奥様のお友達がとてもきれいな方で、ポーラの化粧品を使っていらっしゃると聞いて、私も使い始めました。そうしたら1カ月くらいして**「堀野さん、この頃きれいになってどうしたの？」**と言われ、とてもうれしかった。しかも周囲に私を見てポーラの化粧品を使う人がどんどん増えて。こんなに売れるなら、私も子育てが一段落したら、ポーラで仕事をしたいなあと思ったのです。

(左から) 堀野さん、長男、長女、妹

 ギネスに認定されてどんな変化がありましたか？

 私自身の生活は何も変わりません

取材の依頼をたくさんいただいているようですが、私自身の生活は何も変わりません。テレビに出たときなどにお客さまがご連絡をくださることもありますけれど、多くの方はギネスのことはご存じないです。新しい出会いの機会をいただくのはありがたいことです。ギネスの表彰式では福島県知事に**「新しいお客さまを増やしたい」**と今の目標をお伝えしました。

 今も仕事のための学びを続けているそうですね

 新製品は必ず自分で購入して使ってみます

毎月1度、ポーラショップで新製品の講習会や季節ごとの美容研修に参加します。講習後は製品ガイドをよく読み、**新製品は必ず自分で購入して使ってみます**。成分や使い方など正しい知識がないとお客さまに失礼ですし、自分で使って良さを実感した商品でなければ売りません。

"喜ばれることに、喜びを"

 「もう、ずいぶん頑張ったから仕事をやめよう」と思った日はありませんか？

一度もありません。命の限り続けたい

お客さまと会って話をすること、販売の仕事が好きだから、命の限りポーラの仕事を続けたいです。新しいお客さまと出会えることはとてもうれしいので、**ポーラショップに通うバスの中で一緒になった方にお声がけをすることもあります**。世間話がきっかけになって新規のお客さまになっていただくこともあるのですよ。
100歳になってから、月平均売上額がさらに伸びました。もちろん売り上げのために無理にすすめたりはしません。お客さまのためになることを大事にしています。

Profile
1923年4月9日福島県福島市生まれ。家政女学校卒業後、電電公社（現・NTT）に勤務し、23歳で結婚。1男2女を育て、37歳で仕事を再開。保険外交員を経て、1962年4月、39歳のときからポーラで働き始める。現在、勤続61年超。累計売上額は約1億2700万円。月10万円以上の売上目標を101歳までの20年間達成。50年以上続く常連客もいる。今年7月に初の書籍『トモコさんの一生楽しく働く教え』（ダイヤモンド社）が出版された。

 仕事以外の時間の楽しみはなんですか？

編み物が大好き。101歳の今も毎日編んでいます

編み物が大好きで、1日10時間編んでいる日もあります。お店の仲間にソックスや小物を編んでプレゼントします。学生のときに家政科だったので和裁、洋裁などが得意なのです。学校を卒業後、5年間電話局（現在のNTT）に勤めていた間も、編み物はアルバイトみたいな形で続けていました。

堀野さん手編みの靴下

 仕事を通して「幸せ」「ワクワク」を感じるのは？

お客様との信頼関係を感じるとき

お客さまが喜んでくださること。ご注文をいただき、商品を届け、お支払いをきちんとしていただく。**お互いに信頼し合っている関係を実感して幸せを感じます**。

 年金以外に収入がある良さは？

今はそんなに稼げていないので（笑）、収入はお小遣いという感じです。

CHAPTER 7

191

> ＼平均年齢77.1歳／
> アンケート回答者50人の共通点

学び続け、目標を持ち、お客さまに「ありがとう」と言われることが生きがい

　今回、ポーラ幸せ研究所では、全国の70代以上のビューティーディレクター50人にアンケート調査を実施しました。ポーラのビューティーディレクターとして営業の最前線で活躍を続ける方たちに働く理由、仕事から得られるもの、若い世代へのアドバイスを聞くためです。

　回答から、お客さまや店舗で一緒に働く仲間との関わりが生きがいや幸せにつながっていることが分かりました。ポーラの営業現場では「生涯現役」という価値観をとても大切にしていますが、「何歳まで働き続けたいですか」という質問に、「生涯現役」「健康である限り」など、実に9割の方ができる限り長く働き続けたいと考え、半数の方が今も1日5時間以上、週5日以上働く「現役バリバリシニア」です。

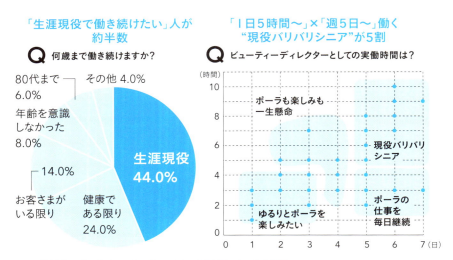

70代以上のポーラビューティディレクター50人アンケートの概要
回答者数：50人　平均年齢：77.1歳　女性の割合：50人中50人

堀野智子さんが目標。100歳まで働きたい
大岳まさ代さん（74歳）　実働時間 1日3時間×週3日

Q どんなことにワクワクしますか？
A 子供や孫ぐらいの年齢の方と男女問わず食事をしたり、おしゃべりしたりするとき。特に**若い男性に会うのはワクワク**します。

Q 「年を重ねてよかったな」と思うことは？
A **今が一番楽しいです！**　マイペースに働き、お客さまと一緒に年を重ねています。

Q 年を重ねることに不安を感じている40〜60代にアドバイスを
A **仕事はやめないで続けていると、いいことがいっぱいある**ので楽しみながらやってください。

働いているからおしゃれができる
森下澄子さん（88歳）　実働時間 1日2時間（午前中）×週5日

Q どんなときにワクワクしますか？
A 仕事で自分の設定した目標を達成できたとき。

Q 仕事に生きがいを感じるときは？
A 「ポーラの**仕事をしているからやっぱりおしゃれやね〜**」と言われるのがうれしい。働いているから遠慮なくおしゃれができます。

Q 年を重ねることに不安を感じている40〜60代にアドバイスを
A **あれもこれもやるよりも、何か一つ好きなことに集中すればいい**と思います。それが生きがいにつながりますよ。

今の自分が一番好き
尾木勝子さん（81歳）　実働時間 1日7時間×週5日

Q どんなことにワクワクしますか？
A 今の自分が一番好き。**苦しみも喜びも分かる年齢**になったから。

Q 年を重ねることに不安を感じている40〜60代にアドバイスを
A 「**現状を精一杯過ごしてください**」かな。

Q ポーラの仕事を通して生きがいを感じるときは？
A **今日も1日頑張ろうと思える瞬間。**化粧品に囲まれて人との触れ合いに感激し、毎日、生きがいを感じています。

CHAPTER
7

悲しいとき、仕事が支えになってくれる
小林理恵子さん（75歳）　実働時間 1日4〜6時間×週5日

Q 仕事を続けることで得られることは？
A 悲しいことがあったときもしっかりしていられるのはお客さまとのつながりのおかげ。仕事があることがありがたい。

Q 年を重ねることに不安を感じている40〜60代にアドバイスを
A 単純であること。好きなことを一生懸命。

Q 仕事で大事にしていることは？
A 日々小さな仕事を重ねていくこと。「今日、誰ともお客さまと話さなかったな」という日がないように日々を過ごしています。

40〜60代は「鼻たれ小僧」
小林洵子さん（82歳）　実働時間 1日7時間×週3日

Q どんなことにワクワクしますか？
A ポーラショップへの通勤時、**自宅から駅までの緑道を歩きながら四季の移り変わりを体感して**ワクワクします。

Q 年を重ねることに不安を感じている40〜60代にアドバイスを
A 今振り返ると40〜60代はまだまだ「鼻たれ小僧」でした。つらいことも喜びも経験してきましたが、**常に一生懸命に人生を送っていれば、必ず幸せになれる**のだなと感じています。

Q 仕事に幸せを感じるのはどんなとき？
A 育ててきたスタッフの成長を実感するとき。ポーラの新製品に触れたとき。新製品をお客さまに紹介して受け入れられたとき。

苦しい昨日も吹き飛ぶ瞬間がある
三上早苗さん（77歳）　実働時間 1日2時間×週3日

Q どんなことにワクワクしますか？
A 食事の支度、顔の手入れなど、**ささいな日常にドキドキ**します。

Q 仕事から得られることは？
A 何十年もお付き合いをさせていただいている**お客さまたちは「生きる教科書」**。ものの考え方や立ち振る舞い…学ぶことばかりです。

Q ポーラの仕事を通して幸せを感じるときは？
A お客さまにありがとうと言われるときです。苦しい昨日も吹き飛びます。お茶碗を洗っているときもお客さまのことを考えています。

今も人として成長を続けています

張山たまいさん（90歳）　実働時間 1日8時間×週5日

Q ビューティーディレクターを続ける理由・目的は？
A **一歩でも前進し続けたい。**100歳まで自分の足で歩いていたいから、**88歳からトレーナーに歩き方の指導を受けている。**

Q 仕事を続けることで得られることは？
A 経済的な自由と人としての成長。年を重ねるほど相手のことを考え、理解できるようになった。

Q 年を重ねることに不安を感じている40〜60代にアドバイスを
A **結果は追わない、過程が大切。**

「仕事があっていいね」と夫に言われる

西マキ子さん（76歳）　実働時間 1日8時間×週6日

Q この仕事の魅力は？
A **人づきあいが得意でなかった私を変えてくれた。**お客さまが喜んでくれることにワクワクし、そのために学んでいるうちに「**毎回、会ってもあきない人**」と言われるようになった。

Q 50歳のとき何歳まで働くと思っていましたか？
A 家のローンを完済する70歳までと思っていたが、今は生涯ビューティーディレクターを続けたい。

Q ポーラの仕事を通して幸せを感じるときは？
A 「仕事があっていいね」と主人から言われる。**やることがあることが幸せです。**

挑戦を恐れたくない

伊藤晴子さん（81歳）　実働時間 1日8時間×週5日

Q ワクワクする瞬間は？
A 新製品をお客さまに紹介するときです。**海外旅行より仕事をしているほうが楽しい。**

Q この仕事の醍醐味は？
A **私にとって仕事はスポーツみたい。**記録に挑戦することが大好き。自分で考えて新しいやり方を編み出してきました。親しいお客さまとはときには仲良く喧嘩もできる関係です。「相手のために」という気持ちで本音でしゃべるから信用してもらえるのだと思います。

CHAPTER **7**

おわりに

　ここまでお付き合いをいただき、ありがとうございます。「幸せ登山」を続けようと思っていただけましたか。本書が読者の皆さまの人生後半、定年後に楽しみとワクワクを増やすきっかけとなりましたら、これ以上の喜びはありません。

　正直に申しますと、執筆しながら常に気にかかっていたのが、50代の男性管理職の方たちのことです。化粧品会社という業界柄、私の周りには元気な女性たちがたくさんいらっしゃいます。仕事を通してご自身の得意なことや専門分野を究め、定年後もそのスキルや経験を活かしていたり、自律心が強く、「WILL」（「〜したい」「〜でありたい」）が明確で定年後のプランニングに前向きだったりするのは女性の方が多いように感じます。

　実際、社内で手挙げのリスキリング研修を開催すると、参加者の大半が若手と女性で、男性のミドルシニア、特に管理職の方の参加はごく少数ということがままあります。多様性が重視される時代ですが、人生100年時代への変化対応という点でみると、女性に比べて男性、特に管理職の方は出遅れているように思います。定年後の収入と役職ダウンに一番ダメージを受けるのも男性管理職経験者です。

　管理職という立場と責任感から、つい業務優先で、定年後のことを考えたり、準備したりすることに躊躇し先送りしてしまっているのではないでしょうか。私自身、仕事中心の生活が当たり前で、家族や自分の人生を大切だと思ってはいても、変化に向けて行動を起こすことはしていませんでした。しかしあるとき、気づきました。業務のことばかり考えていても、会社の業績は上がらないのではないか。個人も会社もどちらも良くなることを考えるべきではないかと。

　ここ数年、ウェルビーイングを掲げる企業が増えています。私は

社員と会社がWin Winの関係となり、個人の幸せ実感が上がることで、仕事の生産性が上がり、会社の業績に貢献し、社会にもいい変化を起こす好循環こそがウェルビーイング経営ではないかと社員の立場から感じています。実証したいとも考えています。

　好循環は、まず働く個人の幸せ実感が向上することから生まれます。本書で紹介した「人生ワクワクプログラム」は個人の幸せを増やすものですが、それが会社の業績、そして社会の発展にも貢献できると思っています。

　まず自分自身の幸せ（利己）が満たされなければ、誰かの幸せ（利他）を増やす行動は継続できません。だからこそミドルシニアの方には人生後半を自分らしく生き、やりたいことに挑戦してほしい、ワクワク輝き続けてほしいと願っています。「人生ワクワクプログラム」は主体的に考え、行動するための第一歩になるものです。ぜひ時間をつくって挑戦してみてください。

　例えば現役時代に管理職だった方が定年後、再雇用になって仕事のスケジュールがスカスカになったときは、落ち込むのではなく、自分のやりたいことに使える時間が増えたと思ってほしいのです。空白の時間をワクワクの時間に変換することが、やりがいのある仕事や生き方との出会いにつながります。

　80歳まで仕事を続けることが特別ではない時代がもうすぐ到来します。定年・再雇用終了後の働き方の準備につながる複業にチャレンジすることを本書ではたびたびおすすめしてきました。複業が会社に貢献できることなら遠慮せず提案しましょう。仕事をやらされるのではなく、自分がしたい仕事をまず考える。それが人生後半の力となるはずです。

　私はミドルシニアが元気になることで社会が発展し、若い世代に

とっても未来が希望になると信じています。人生100年時代を明るい未来にできるかどうかは私たちミドルシニア一人ひとりの「WILL」に懸かっていると確信しています。

　今回、再雇用社員に書籍執筆という特別な機会を与えてくれたポーラ社長の及川（おいちゃん）に心から感謝しています。前野隆司教授（たっくん）とはポーラ幸せ研究所合宿で焚き火をしながら同学年トークで盛り上がり、本書への助言もたくさんいただきました。本当にありがとうございます。本書のマネー部分の監修をしてくださった社会保険労務士の井戸美枝さんの的確なご指摘には大いに助けられました。ありがとうございます。
　そしてポーラの全国のショップオーナー、ビューティーディレクターの皆さまにはアンケート調査で素晴らしい言葉をたくさんいただきました。本書でその全てを紹介できなかったことが心残りですが、この場をお借りして深く感謝申し上げます。
　日経BPの安原さんには、素人の執筆を温かく見守り、ゴールまで伴走していただき、感謝の言葉しかありません。プロ編集者のスゴ腕を実感しました。
　ポーラ幸せ研究所仲間のサポートも心強かったです。書籍企画スタートのときに武智さん、その後を引き継いで駒さんに支えていただきました。感謝申し上げます。またコーポレート室、人事戦略部、新市場企画PJ、ブランドコミュニケーション部はじめ多くの関係部署の方の協力があり、本書が完成いたしました。皆様に厚く御礼を申し上げます。

2024年11月の秋晴れの日に
佐野 真功

参考文献

『プロティアン 70歳まで第一線で働き続ける最強のキャリア資本術』(田中研之輔著／日経BP)

『LIFE SHIFT 100年時代の人生戦略』
(リンダ・グラットン／アンドリュー・スコット著、池村千秋訳／東洋経済新報社)

日経ビジネス電子版
「70歳定年 あなたを待ち受ける天国と地獄 給料4～6割減が過半、生活のためが6割、
定年後再雇用の厳しい現実」
(2021年2月22日掲載)

内閣府 「高齢社会白書」令和5年

『幸せなチームが結果を出す ウェルビーイング・マネジメント7か条』
(及川美紀、前野マドカ著／日経BP)

パーソル総合研究所×慶應義塾大学 前野隆司研究室
「はたらく人の幸せに関する調査」
https://rc.persol-group.co.jp/thinktank/spe/well-being/

プレジデントオンライン
『なぜ祖父母は「孫のランドセル」を買いたがるのか…どんどん幸福度が高まる
「賢いお金の使い方」とは』
前野隆司、菅原育子 (2023年10月27日掲載)

『90歳までに使い切る お金の賢い減らし方』(大江英樹著／光文社新書)

アスタミューゼ 「ビジネスで解決すべき社会課題105」

『60代からの資産「使い切り法」 今ある資産の寿命を伸ばす賢い「取り崩し」の技術』
(野尻哲史著／日本経済新聞出版)

日本銀行調査統計局 「資金循環の日米欧比較」(2023年)

『一般論はもういいので、私の老後のお金「答え」をください！増補改訂版』
(井戸美枝著／日経BP)

日経電子版
「人生100年こわくない 資産活用で笑おう 資産取り崩し、60代の8割が「無計画」という
現実(野尻哲史)」(2024年5月3日掲載)

厚生労働省 「年金制度の仕組みと考え方」

『「老年幸福学」研究が教える 60歳から幸せが続く人の共通点』
(前野隆司、菅原育子著／青春出版社)

『老いが怖くなくなる本』(和田秀樹著／小学館新書)

『2040年の未来予測』(成毛 眞／日経BP)

『定年前と定年後の働き方～サードエイジを生きる思考』(石山恒貴著／光文社新書)

『ほんとうの定年後 「小さな仕事」が日本社会を救う』(坂本貴志著／講談社現代新書)

『会社とはお金をもらって学ぶ場所 元銀行員がパン屋に転身できた理由』
(村上孝博著／文芸社)

『世界一やさしい「やりたいこと」の見つけ方 人生のモヤモヤから解放される自己理解メソッド』
(八木仁平著／KADOKAWA)

佐野 真功（さの・まさのり）

ポーラ幸せ研究所研究員
ポーラ人事戦略部「ミドルシニア」担当
1984年ポーラ化粧品本舗（現・ポーラ）入社。会社人生の大半を営業畑で歩み、「数字の鬼の営業部長」の異名を取る。60歳定年直前に出した新規事業企画案をきっかけに再雇用後に人生初の人事部配属。ポーラ幸せ研究所研究員を兼務し、シニアの幸せを増やす「人生ワクワクプログラム」を作成したところ社内で人気講座となり、現在、社外でもワークショップを行う。愛称は「ワクワクまーくん」。セカンドキャリアアドバイザー、健康管理士一般指導員、ファイナンシャルプランナー（AFP）。

ポーラ幸せ研究所発
定年後もワクワク生きたい！
人生後半 幸せ資産の増やし方

2024年11月18日　第1版第1刷発行

著　者	佐野真功
発行者	河井保博
発　行	株式会社日経BP
発　売	株式会社日経BPマーケティング
	〒105-8308
	東京都港区虎ノ門4-3-12
編集	安原ゆかり
装丁	小口翔平 + 畑中 茜（tobufune）
本文デザイン・制作	小山瑞江、吉岡花恵（ESTEM）
印刷・製本	TOPPANクロレ株式会社

本書の無断複写・複製（コピー等）は、著作権法上の例外を除き、禁じられています。
購入者以外の第三者による電子データ化および電子書籍化は、私的使用も含め一切認められておりません。本書に関するお問い合わせ、ご連絡は下記にて承ります
https://nkbp.jp/booksQA

Ⓒ 株式会社ポーラ（POLA Inc.）2024　Printed in Japan
ISBN978-4-296-20647-6